AF349437

Fútbol:
PRESIÓN TRAS PÉRDIDA de BALÓN

Concepto y 50 tareas para su entrenamiento

Manuel Jesús Crespo García

Título: FÚTBOL: PRESIÓN TRAS PÉRDIDA DE BALÓN. CONCEPTO Y 50 TAREAS PARA SU ENTRENAMIENTO
Autor: MANUEL JESÚS CRESPO GARCÍA
Corrección del texto: MANUELA CASTILLO SOLER

Editorial: WANCEULEN EDITORIAL
Sello Editorial: WANCEULEN EDITORIAL DEPORTIVA

ISBN (Papel): 978-84-18262-71-5
ISBN (Ebook): 978-84-18262-72-2

DEPÓSITO LEGAL: SE 1008-2020

Impreso en España. 2020

WANCEULEN S.L.
C/ Cristo del Desamparo y Abandono, 56 - 41006 Sevilla
Dirección web: www.wanceuleneditorial.com y www.wanceulen.com
Email: info@wanceuleneditorial.com

ÍNDICE

INTRODUCCIÓN

En la iniciación al mundo del entrenamiento es muy usual intentar encontrar una receta o una fórmula que resuelva nuestras necesidades y que cubra las posibles lagunas que tengamos en nuestro conocimiento o en nuestra capacidad.

La complejidad y diversidad del juego hacen que haya que tener un conocimiento del mismo para su enseñanza y para su aprendizaje en algunos casos.

El fútbol está evolucionando y van apareciendo nuevos conceptos con diversidad de interpretaciones atendiendo a las distintas corrientes a las que seamos más afines. No obstante, creo que todo se puede adaptar y se le puede sacar rendimiento siempre que tenga una buena argumentación y no nos dejemos atraer por dogmas.

Este libro con tareas no pretende ser una respuesta matemática a las necesidades que pueda tener un entrenador para encontrar soluciones a los problemas que se le planteen. La intención es poder manejar recursos, adaptarlos a nuestra realidad de entrenamientos y que puedan introducirnos y orientarnos a conseguir en el entrenamiento los objetivos pretendidos.

He reducido el uso de material para simplificar y poder llegar a cualquier nivel de recursos y que puedan ser llevadas a cabo en cualquier realidad, sin necesidad de unos materiales que dificulten su realización.

Existen distintos tipos de tareas para la mejora del dominio colectivo de cualquier medio que queramos que nuestro equipo maneje durante el desarrollo de los partidos. Atendiendo a la metodología empleada, la duración, los espacios, el número de jugadores... pueden variar para satisfacer nuestro modelo de juego.

A continuación, desarrollaré distintas tareas desde las más simples a las de mayor complejidad para poder trabajar el concepto de la presión tras pérdida y que puedan formar parte de distintos modelos de juego ya que, atendiendo a las pretensiones de cada entrenador y a la metodología a emplear, cada uno debe introducirlas donde considere oportuno. Estas tareas carecen de un contexto y de una estrategia operativa, para los cuales necesitarán adaptación por parte del entrenador a todas las variables que crea que pueden tener incidencia en el desarrollo del juego de su equipo y a las características del mismo.

Todas las tareas propuestas carecerán de un contexto propio, del rival, la competición y la situación para el desarrollo de la estrategia operativa y el modelo de juego.

Castellano y Casamichana (2016) proponen este cuadro para la clasificación de las tareas según los metros cuadrados por jugador y a las demandas a las que serán exigidas los jugadores:

m^2 / jugador	1<2	3<4	5<7	8<10
<50	Fuerza		Recuperación	
<100				
<200	Frecuencia cardíaca		Velocidad	
>200				

En este libro se indicarán el número de jugadores y la división y distribución de los espacios. No obstante, para que la tarea se adapte a cada equipo, estado físico de los jugadores, modelo de juego y metodología, cada entrenador la deberá adaptar en cuanto a metros las distancias, los espacios e incluso en número de jugadores en algunos casos para tener un mejor desarrollo con su equipo.

Las tareas no tendrán límites de toques, contactos o golpeos para conseguir nuestro objetivo, ya que habrá jugadores que necesiten o decidan utilizar un número mayor por necesidades del juego, por condiciones técnicas o por condicionantes físicos de desarrollo. No obstante, al ser tareas abiertas, el entrenador podrá condicionarlas si lo cree necesario u oportuno para conseguir los beneficios pretendidos conociendo la realidad a la que las va a exponer.

CONCEPTO DE
PRESIÓN TRAS PÉRDIDA DE BALÓN
EN FÚTBOL

En la creación o desarrollo de los modelos de juego ideados por los entrenadores una de las opciones que se puede tomar es la de la presión tras pérdida dentro de los momentos del juego.

González, A. nos habla en su libro: *Fútbol. Dinámica del juego desde la perspectiva de las transiciones en 2013 de que la defensa presionante "consiste en limitar la capacidad de acción del rival, cortando su iniciativa tratando de recuperar rápido el balón" (...) "soliendo buscar la recuperación en la zona donde se ha perdido" (...) "se realizará habitualmente tras pérdida"*

Este tipo de presión o este momento en el que se "decide" presionar suele estar identificado con equipos que quieren llevar la iniciativa en el juego con el balón, dejando el menor tiempo posible el balón al rival e intentan que el tiempo hasta volver a recuperar el balón sea lo más breve posible.

El balón se puede perder de varias maneras desde la perspectiva de un equipo:

- Recuperándolo el rival estando en juego.
- Quedando dividido para que pueda tomarlo un equipo u otro.
- Cometiendo una infracción en la que el árbitro detiene el juego y determina que lo pone en juego el rival.
- Saliendo del terreno de juego siendo mi equipo el último en tocarlo y, por tanto, lo pondrá en juego el rival.

El uso de la presión tras pérdida se centra en el momento en que la recupera el rival o queda dividida estando el balón en juego y queriendo disputarlo (independientemente de la interpretación espacial que queramos darle)

Para el trabajo de la mejora de la presión tras pérdida, buscamos automatizar la respuesta del jugador cuando pierda el balón. Los indicadores que se han de asimilar para poner en marcha los mecanismos de la presión han de ser:

- Ya no tengo el balón y tiene la posesión el rival.
- Ya no tengo el balón y está dividido con el rival.

Cualquier otro espacio de tiempo en que se produzca una pérdida serán otros momentos más reflexivos en el que se podrá presionar, pero acomodándose los jugadores en las posiciones más idóneas para realizarlas, no condicionadas por el lugar que ocupaban mientras atacaban (tenían el balón).

La presión es la acción que se realiza cuando un equipo no tiene el balón, sobre el rival, con la finalidad de coartar su libertad de acción en espacio y tiempo, inducirlo a llevar el balón a una zona y/o provocar la pérdida del balón.

La presión desde el punto de quien la realiza puede ser:

- **Individual.** La realiza un solo jugador.
- **Colectiva.** La realiza un grupo de jugadores o todos los jugadores.

Podemos decir que la presión tras pérdida es una forma de afrontar el momento en que perdemos el balón como equipo y sigue en juego, pudiendo llevarla a cabo todos los jugadores, un grupo de ellos o un solo jugador atendiendo a la estrategia de partido y modelo de juego que maneje el equipo y los objetivos que queramos conseguir con ella. Está estrechamente relacionada con la transición ataque-defensa.

Los objetivos que podemos conseguir llevando a cabo la presión tras pérdida son:

- Recuperar el balón.
- Evitar que el rival avance hacia nuestra portería.
- Temporizar.
- Mantener posiciones adelantadas.
- Defender lejos de nuestra portería.

- No tener que correr hacia atrás.
- Evitar que atraviese líneas el rival.
- Dificultar el inicio de la construcción del ataque del rival ("que el balón no salga limpio") y, por tanto, reducir el tiempo de toma de decisión del rival.
- Evitar el contraataque rival.
- Evitar que el rival se despliegue en ataque.
- Que se juegue en la zona que queremos como equipo que se juegue.
- Quedar en una mejor situación de ataque si se recupera el balón.

La presión tras pérdida puede ser también selectiva en cuanto a los lugares o momentos en los que llevarla a cabo atendiendo al modelo de juego y a las estructuras que maneje un equipo u otro. Puede haber un equipo que siempre ante la pérdida repliegue y solo realice la presión tras pérdida si la pérdida se produce en la salida de balón y con el equipo desplegado, por ejemplo.

Soriano, E. (2013) dice que *"Hay que entender que la presión tras pérdida es una acción muy arriesgada, que solo debe realizarse cuando nos beneficie. Esa actitud agresiva si no lleva un control previo, un equilibrio, es de un riesgo enorme"*.

El juego de posición se apropia de este término o herramienta para ocuparla cuando pierde el balón como primera opción, condicionado por sus estructuras de ataque y por la característica indivisible del juego que la convierte en necesaria para el buen desarrollo del juego colectivo. Existe un orden a través del balón cuando se tiene en posesión que condicionará las actitudes ante la pérdida.

Esto no quiere decir que el concepto sea en propiedad del juego de posición y que no se pueda desarrollar en cualquier otra situación distinta durante el partido o en otro momento en que se considere oportuno para favorecer un modelo de juego determinado.

"La forma en la que gestionas el balón indica cómo puedes intervenir colectivamente cuando no dispones de él" (Conde, M. 2010).

Cada equipo puede adaptarlo y tomar distintas actitudes para utilizarlo y obtener algún beneficio. Este ejemplo de análisis de Eric Soriano (2013) de la presión tras pérdida que realizaba el Fútbol Club Barcelona nos aclara cómo era llevada a cabo por el equipo:

Presión tras pérdida FCB		
Presión poseedor	Cierre líneas	Vigilancia lado débil
• Impedir que piense y encuentre receptor potencial. • Disuadrir orientado hacia X zonas. • Poseedor de espaldas, momento perfecto para acosar.	• Impedir asociación con cercanos y pase de seguridad. • Posibilidad de acoso a poseedor tapando cercanos → reducir espacios.	• Control de alejados → capacidad de llegar a temporizar ante envío a lado débil. • Ocupación racional → poder llegar a ayuda si salen de zona de presión y poder bascular si cambian de orientación.

(The Tactical Room, 2013)

Los jugadores han de tener claridad de cómo, cuándo, dónde, por qué y a quién para que sea efectivo y utilizaremos el entrenamiento del medio para mejorar su dominio y su aprendizaje. La presión tras pérdida mal ejecutada puede dar lugar a:

√ **Dejar espacios atrás.**

√ **Posibilitar el contraataque del rival.**

√ **El jugador quedará mal colocado para participar en el juego de manera directa.**

√ **El rival puede percutir en ataque.**

√ **El rival asumirá la iniciativa del juego.**

Los jugadores han de estar concentrados, activarse rápido en el momento en que ya no tiene el balón con la intensidad adecuada, con buena actitud ante el esfuerzo y una buena comunicación para que como equipo sea eficaz la presión tras pérdida.

Muchos autores hablan del "acoso" como un medio o principio a utilizar para llevar a cabo una buena presión tras pérdida y condicionar al contrario o robar el balón y otros hablan de que no hay que presionar al rival, hay que hacer que "se sienta presionado".

Es importante que el jugador se perfile bien defensivamente con una postura equilibrada, que condicione al rival para conseguir los objetivos de la presión tras pérdida sin que cometa infracciones (faltas) y no se precipite para no ser desbordado con facilidad. Los entrenadores tenemos que poner el punto de mira en dar al jugador un feedback en el entrenamiento buscando más que una exposición catedrática, una reflexión y cuestionamiento del jugador para que alcance el aprendizaje.

Los estímulos e indicadores para poner en marcha la presión tras pérdida serán estímulos propios del juego para identificar con claridad el momento de poder llevarlo a cabo. Realizar la presión después de un estímulo auditivo (voz del entrenador, silbato...) nos ayudará a mejorar la velocidad de reacción, pero no la específica del medio o principio de la presión tras pérdida.

SIMBOLOGÍA

Jugadores	4
Desplazamiento con balón	⟶
Desplazamiento del balón	⇢

PRESIÓN TRAS PÉRDIDA DE BALÓN EN FÚTBOL

50

TAREAS PARA SU ENTRENAMIENTO

Tarea N° 1	Objetivo Principal	Mejora de la presión tras pérdida
	Jugadores	2
Explicación		

Los jugadores se pasan el balón por parejas y cuando uno decide controlar, el otro presiona hasta robar el balón.

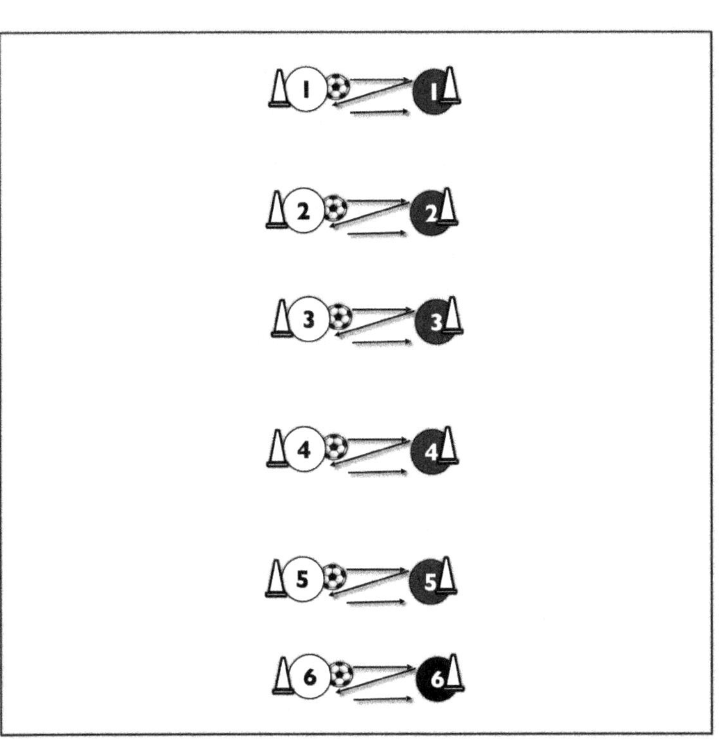

Tarea N° 2	Objetivo Principal	Mejora de la presión tras pérdida
	Jugadores	2

Explicación

Los jugadores se pasan el balón por parejas sin que caiga al suelo y cuando a uno se le caiga el otro tiene que presionar para recuperarla.

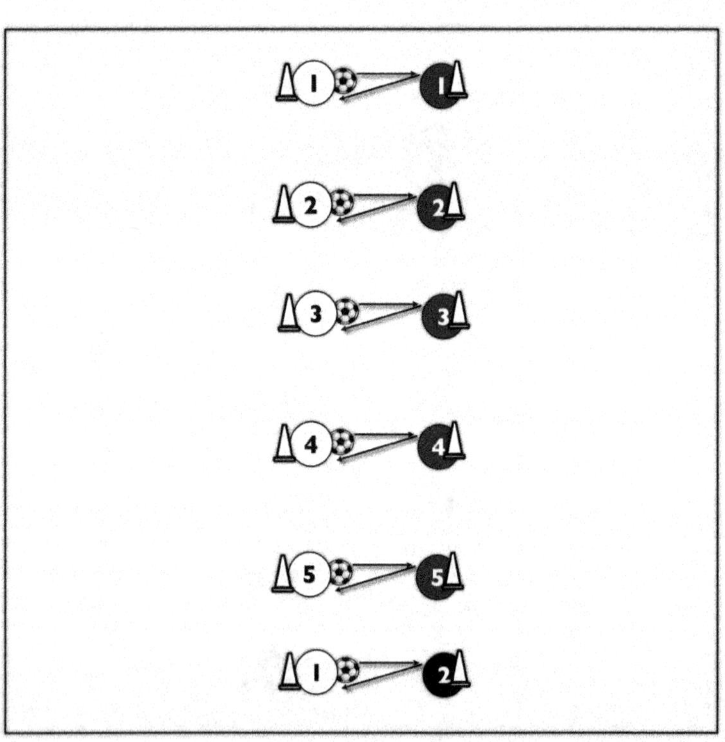

Tarea Nº 3	Objetivo Principal	Mejora de la presión tras pérdida
	Jugadores	4 (2x1+P)

Explicación

2 jugadores se pasan el balón desde las líneas colocados como en la imagen y cuando pierden el balón van a presionar al del centro que robó que intentará tirar a portería.

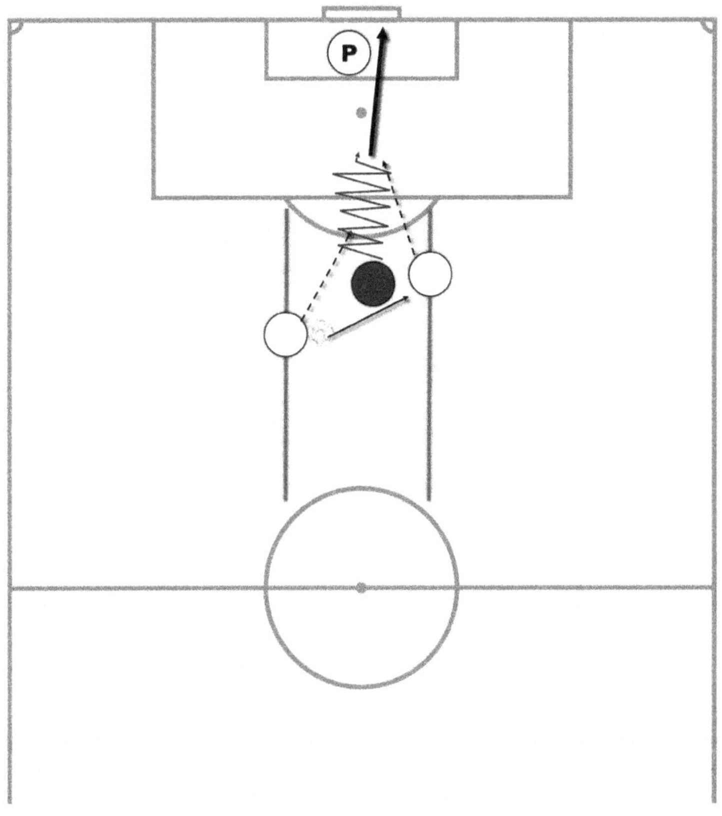

Tarea N° 4	Objetivo Principal	Mejora de la presión tras pérdida
	Jugadores	2
Explicación		

Por parejas cada jugador domina el balón sin salirse del cuadrado, cuando el balón se cae o sale del cuadrado, el jugador va a presionar a su pareja para quitárselo.

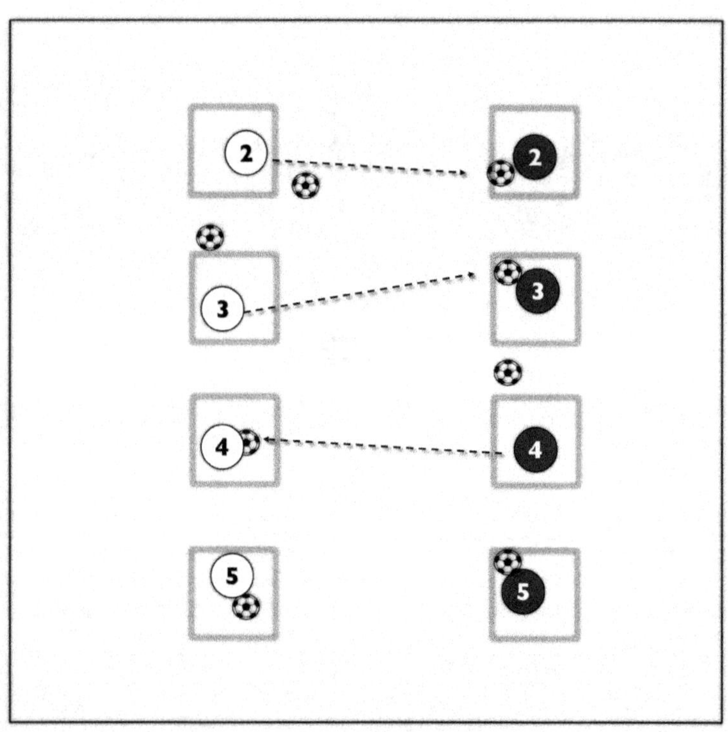

Tarea N° 5	Objetivo Principal	Mejora de la presión tras pérdida
	Jugadores	2

Explicación

Los jugadores se pasan el balón por parejas, cada uno en un cuadrado separado por un espacio, si al controlar el balón se sale del cuadrado, los jugadores tienen que competir por meterse con el balón controlado en el cuadrado de enfrente (en el que estaba el compañero).

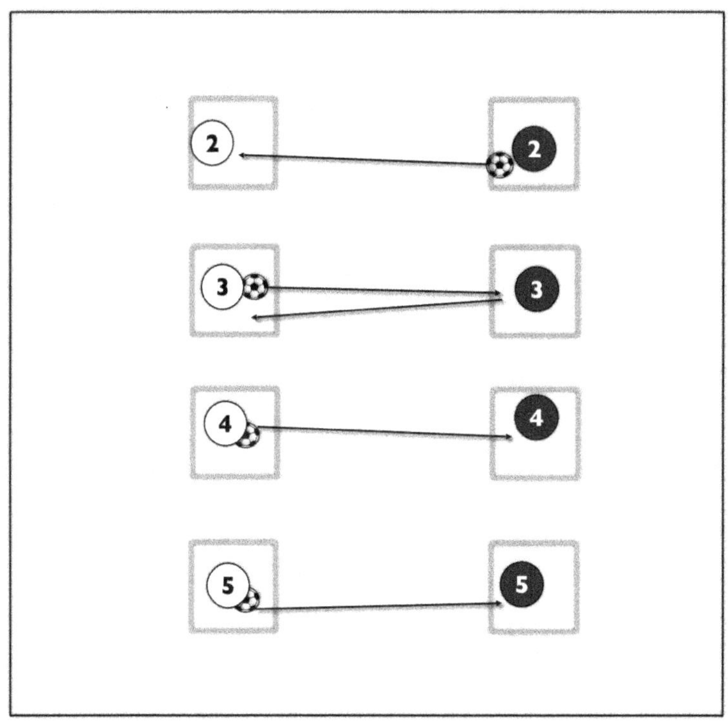

Tarea N° 6	Objetivo Principal	Mejora de la presión tras pérdida
	Jugadores	3
Explicación		

En la disposición de la imagen. Juegan 2 contra 1 en un cuadrado y cuando se roba el balón el que perdió intenta recuperar y el que recuperó juega con el otro jugador.

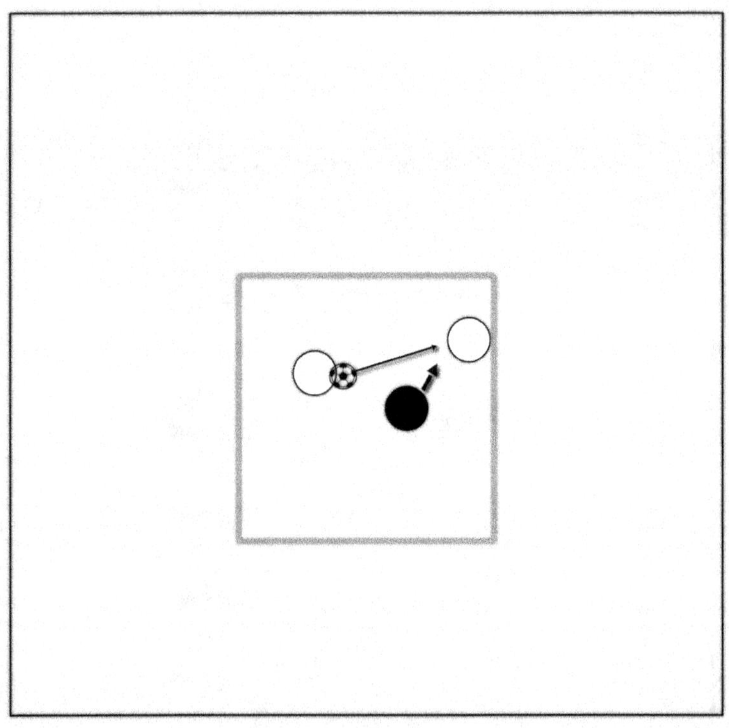

Tarea N° 7	Objetivo Principal	Mejora de la presión tras pérdida
	Jugadores	3

Explicación

En la disposición de la imagen. Juegan 2 contra 1 en un cuadrado y cuando roba el balón los dos jugadores que lo tenían presionan al que robó para que no abandone el cuadrado y seguir pasando.

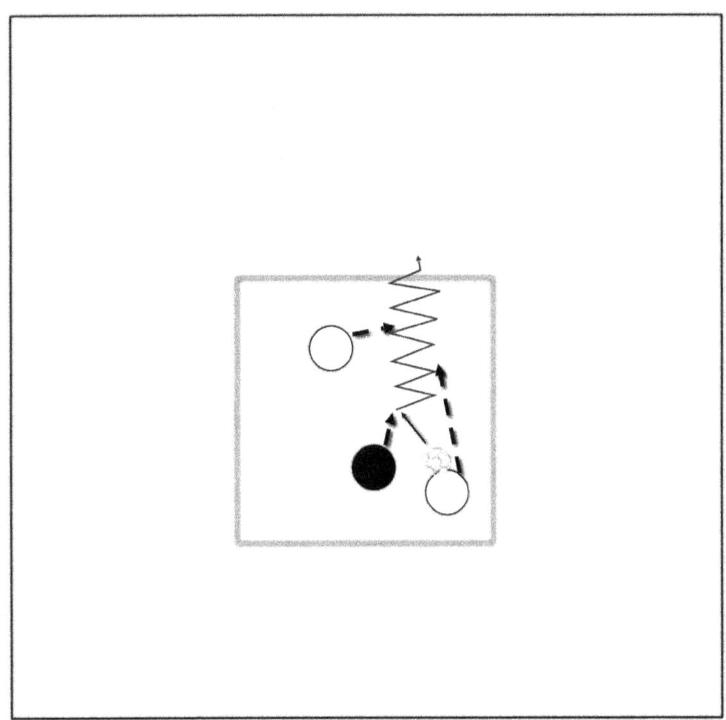

Tarea Nº 8	Objetivo Principal	Mejora de la presión tras pérdida
	Jugadores	7

Explicación

El equipo poseedor (blanco) se pasa el balón con el comodín en dos cuadrados en la disposición de la imagen, quedando el equipo sin balón con un jugador en el centro que podrá ir a ayudar a presionar a cualquiera de los cuadrados. Cuando el equipo poseedor del balón lo pierde, presionan para robar el balón en la disposición que estaba el equipo negro que ahora utilizará el comodín para mantener el balón.

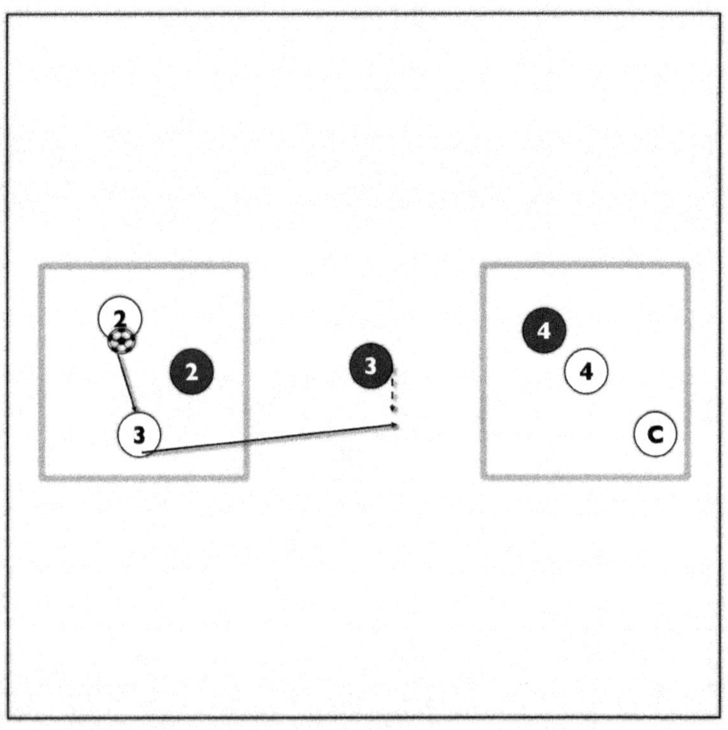

Tarea N° 9	Objetivo Principal	Mejora de la presión tras pérdida
	Jugadores	16
	Explicación	

En la disposición de la imagen, 7 jugadores de cada equipo con un balón cada uno en un cuadrado y uno del otro equipo sin balón. Al jugador que le roban el balón va al otro cuadrado a presionar e intentar robar otro.

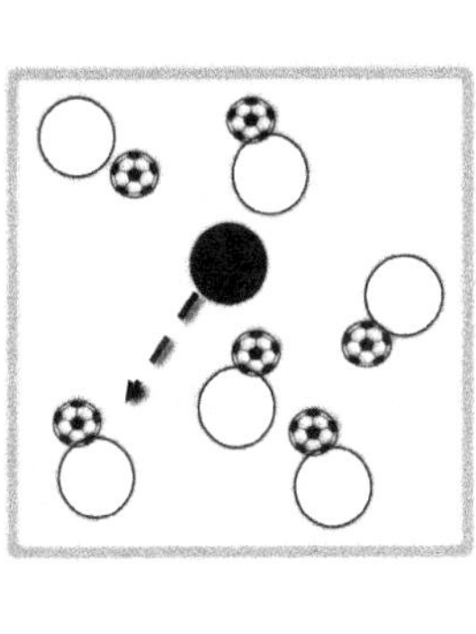 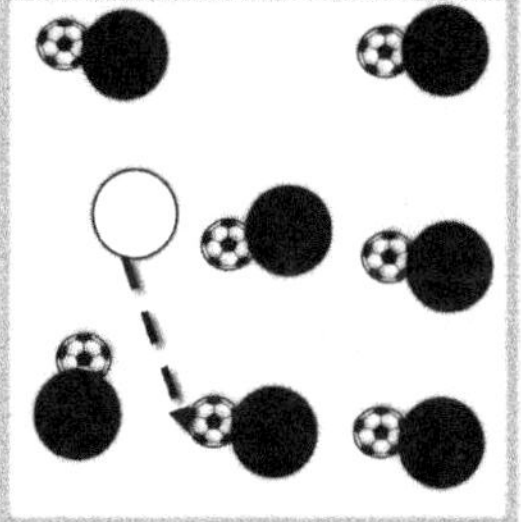

Tarea Nº 10	Objetivo Principal	Mejora de la presión tras pérdida
	Jugadores	16
Explicación		

En la disposición de la imagen. 7 jugadores de cada equipo con un balón cada uno en un cuadrado, dos fuera que se pasan el balón con la cabeza y cuando se les cae, van al cuadrado del otro equipo y presionan a los rivales e intentan sacar los balones fuera del cuadrado, al que le roban puede presionarle para recuperar su balón antes de que lo saque del cuadrado, si lo saca tendrá que abandonarlo. Ganará el color que antes saque a los rivales del cuadrado.

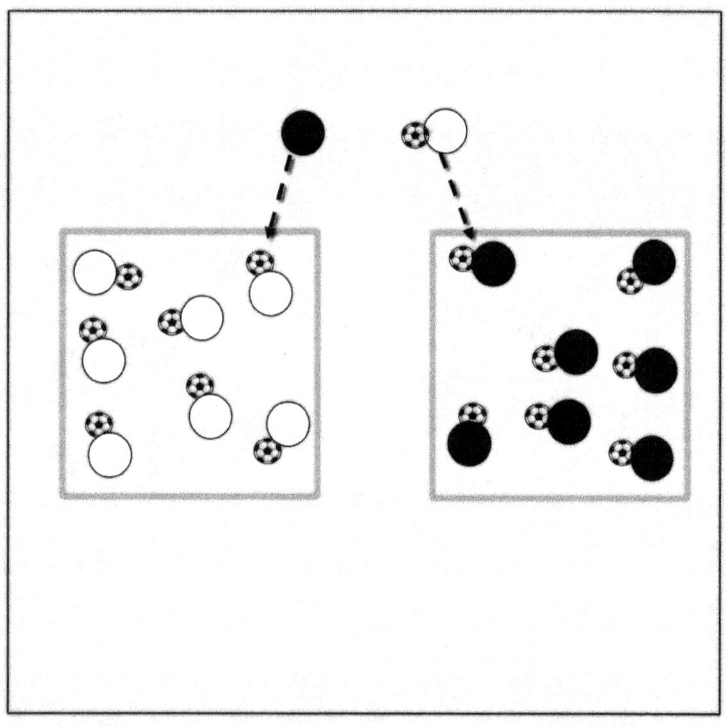

Tarea N° 11	Objetivo Principal	Mejora de la presión tras pérdida
	Jugadores	19

Explicación

Los jugadores que tienen balón tienen que atravesar hasta la zona del fondo, los que no tienen presionarán para robar cuando pasen al centro. Al jugador que le roben el balón podrá presionar a otro cuando se lo quiten si no llegó a la zona del fondo para robarle el balón.

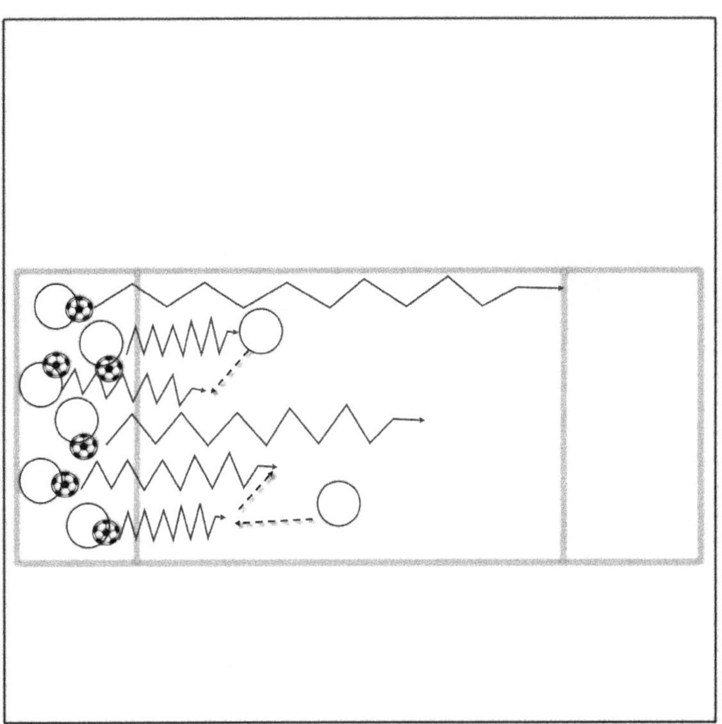

Tarea N° 12	Objetivo Principal	Mejora de la presión tras pérdida
	Jugadores	8

Explicación

Los jugadores que tienen balón tienen que atravesar hasta la zona del fondo, los que no tienen esperarán en la línea del centro para robar. Al jugador que le roben el balón podrá presionar a otro si no llegó a la zona del fondo para robarle el balón.

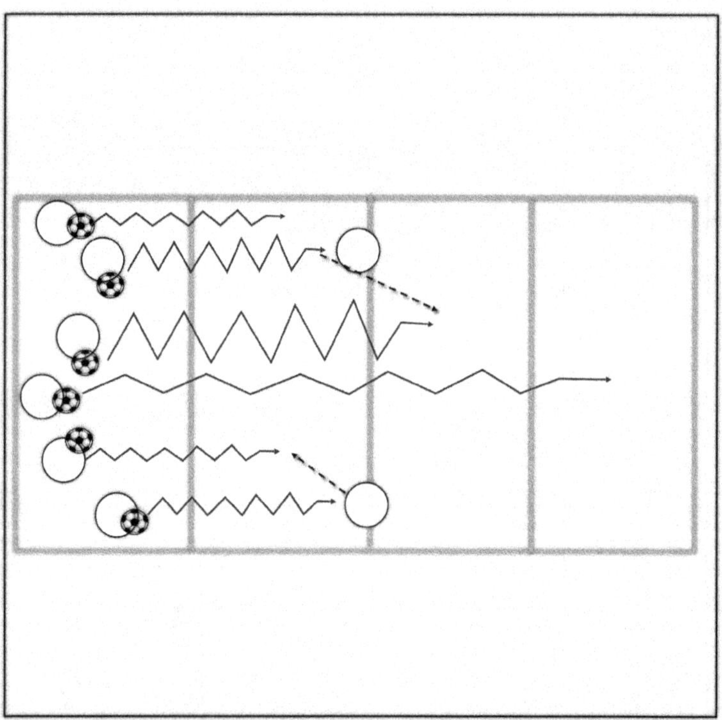

Tarea N° 13	Objetivo Principal	Mejora de la presión tras pérdida
	Jugadores	19
	Explicación	

Dentro del área los jugadores se pasan el balón por parejas y 5 jugadores intentan interceptar los pases, cuando un jugador intercepte un pase, el que pasó el balón cambia el rol con el que intercepto y tendrá que ir a interceptar otro pase.

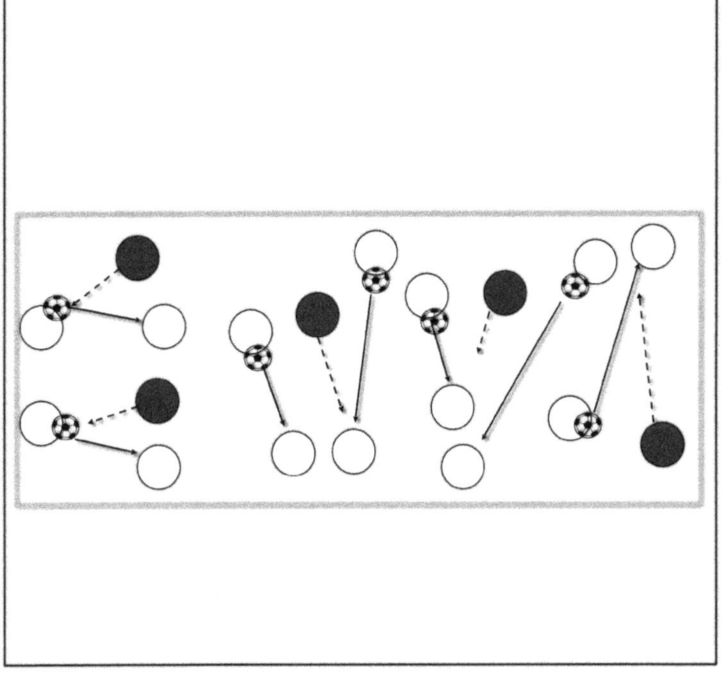

Tarea N° 14	Objetivo Principal	Mejora de la presión tras pérdida
	Jugadores	11

Explicación

8 jugadores en el rectángulo de la mitad del campo conducen y hay 2 jugadores sin balón que presionan para robar, cuando pierden el balón tienen que presionar para robar rápido. Los que roban salen con su balón hacia la portería, lanzan y vuelven al rectángulo con balón.

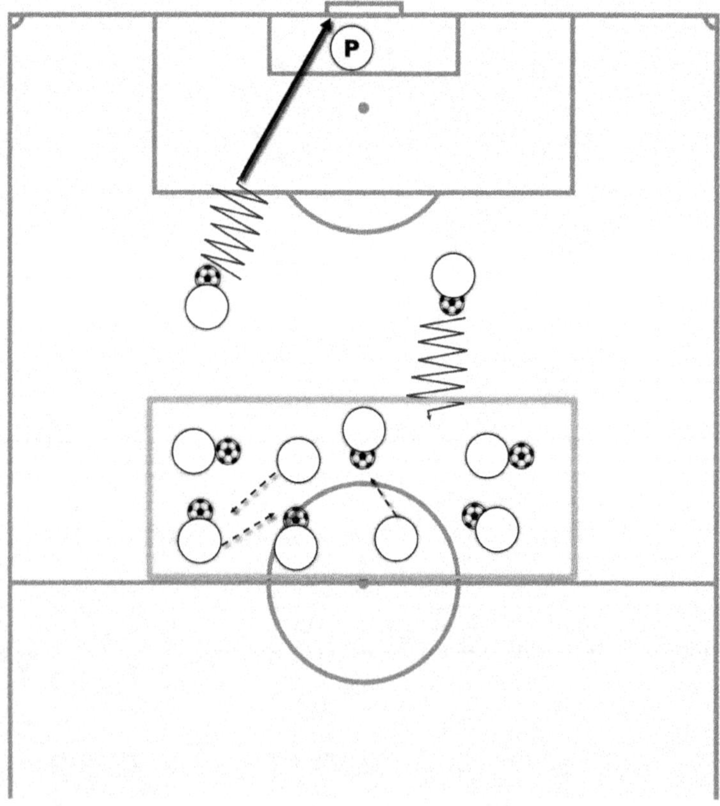

Tarea N° 15	Objetivo Principal	Mejora de la presión tras pérdida
	Jugadores	20

Explicación

Dentro del área los jugadores se pasan el balón por parejas y 4 jugadores presionan para robar, cuando un jugador roba un balón, el último que tocó el balón y lo perdió va a presionar al otro cuadrado a robar un balón. Al jugador que se lo robe irá al área a presionar a alguna pareja para robar el balón.

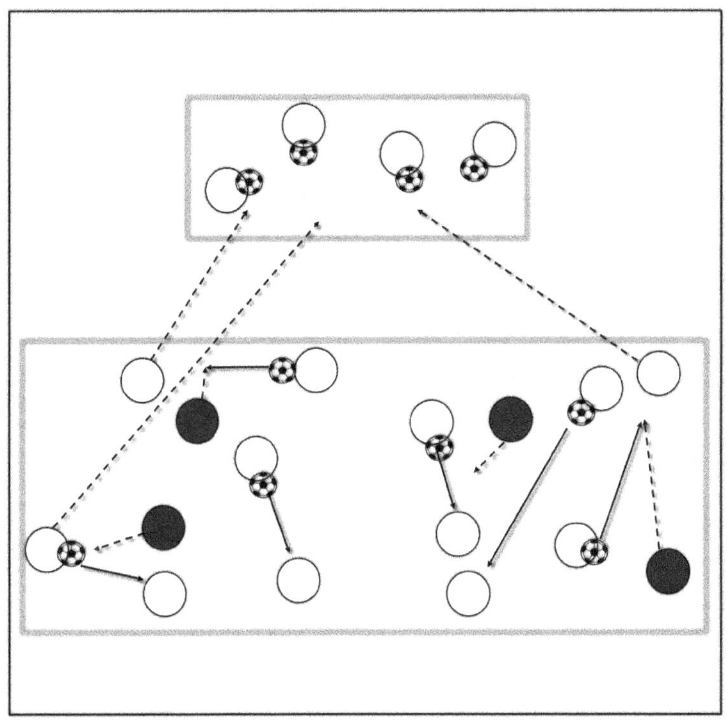

Tarea Nº 16	Objetivo Principal	Mejora de la presión tras pérdida
	Jugadores	20
Explicación		

Dentro del área se meten todos los jugadores con balón menos 5 que intentarán presionar para robar un balón, cuando lo hagan al que le robaron el balón tendrá que robar a otro jugador y el que robó intentará mantenerlo.

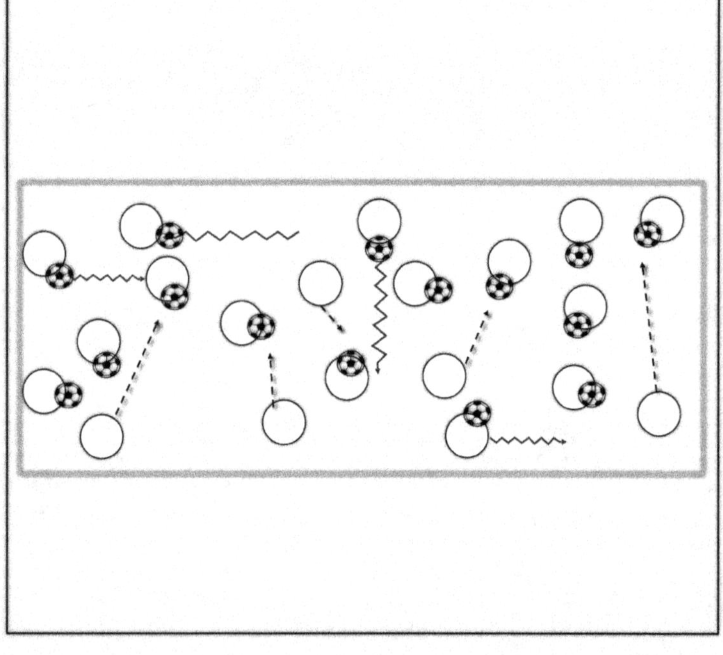

Tarea N° 17	Objetivo Principal	Mejora de la presión tras pérdida
	Jugadores	15 (6+3x6)

Explicación

En un hexágono se juega 6+3 contra 6 en la disposición de la imagen. Los que tienen la pelota y están por fuera pasan el balón junto con los del centro (equipo negro) y los 7 que están entre ellos (equipo blanco) intentan anticipar o interceptar el balón. Si roba el balón el equipo blanco, el equipo negro entrará a presionar para recuperar el balón.

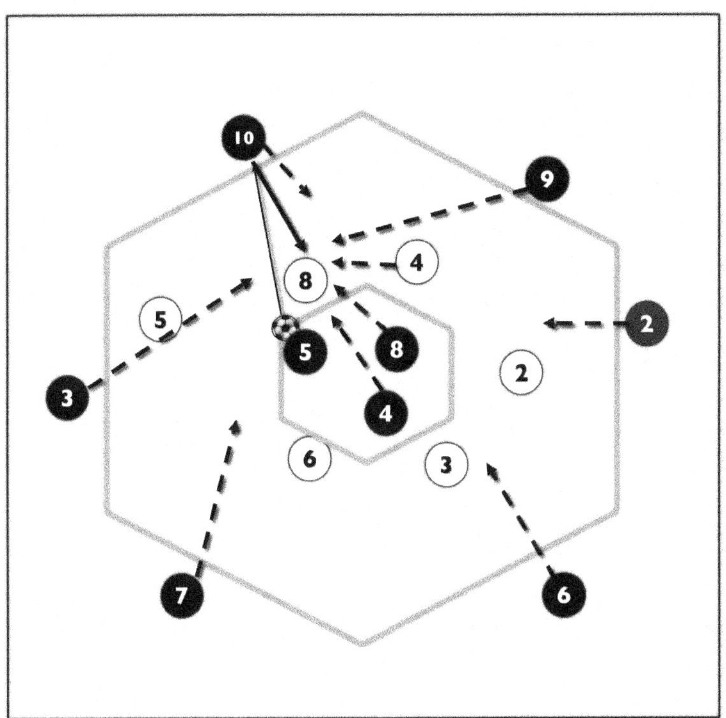

Tarea N° 18	Objetivo Principal	Mejora de la presión tras pérdida
	Jugadores	10 (5x5)
Explicación		

Los jugadores del equipo blanco se distribuyen 4 en las zonas de las esquinas y uno por centro del cuadrado y se pasan la pelota, el equipo negro intenta robar pudiéndose mover con libertad por el cuadrado. Cuando pierde la pelota el equipo blanco presiona e intenta recupera para volver a sus posiciones.

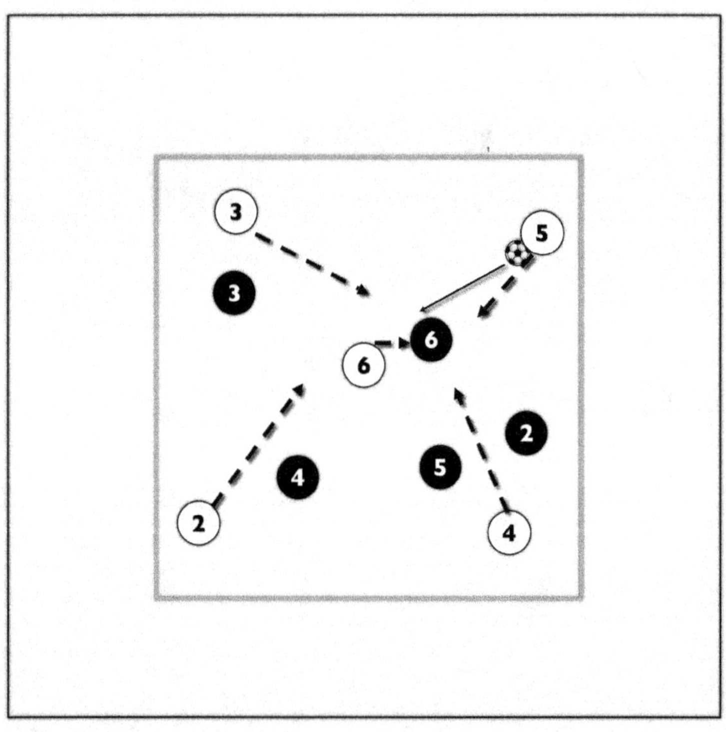

Tarea N° 19	Objetivo Principal	Mejora de la presión tras pérdida
	Jugadores	10 (5x5)

Explicación

Juegan 5 contra 5 con marcas individuales. Cuando pierdan el balón deberán presionar cada uno a su marca.

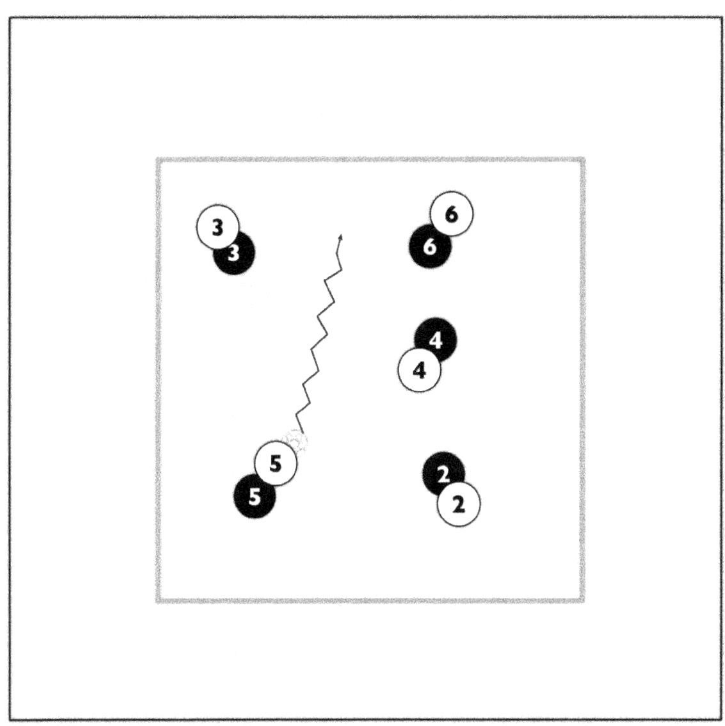

Tarea N° 20	Objetivo Principal	Mejora de la presión tras pérdida
	Jugadores	10 (5x5)

Explicación

Los jugadores del equipo blanco se distribuyen 4 en las zonas de los laterales del cuadrado y uno por centro del cuadrado y se pasan la pelota, el equipo negro intenta robar pudiéndose mover con libertad por el cuadrado. Cuando pierde la pelota el equipo blanco presiona e intenta recupera para volver a sus posiciones.

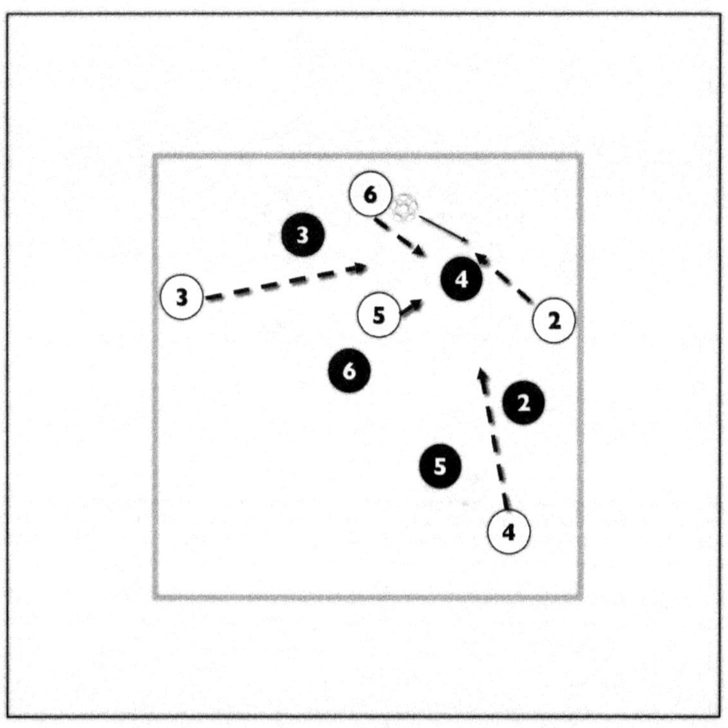

Tarea N° 21	Objetivo Principal	Mejora de la presión tras pérdida
	Jugadores	14 (7x7)
	Explicación	

El equipo poseedor (blanco) intenta mantener la posesión de balón en la superficie del cuadrado, el equipo que no tiene balón (negro) tiene que robar el balón y cuando lo hace, el equipo que perdió presionará para recuperar el balón antes de que todos los jugadores del equipo que que lo robó abandonen el cuadrado.

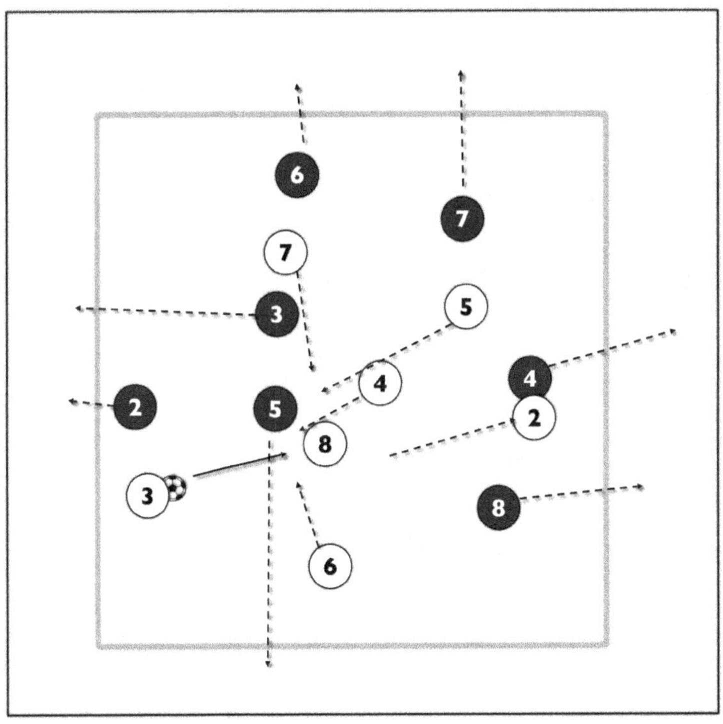

Tarea N° 22	Objetivo Principal	Mejora de la presión tras pérdida
	Jugadores	14 (7x7)
	Explicación	

El equipo poseedor (blanco) intenta mantener la posesión de balón en la superficie del cuadrado, el equipo que no tiene balón (negro) tiene que robar el balón y cuando lo hace, el equipo que perdió presionará para que no toquen el balón todos los jugadores del equipo que lo recuperó .

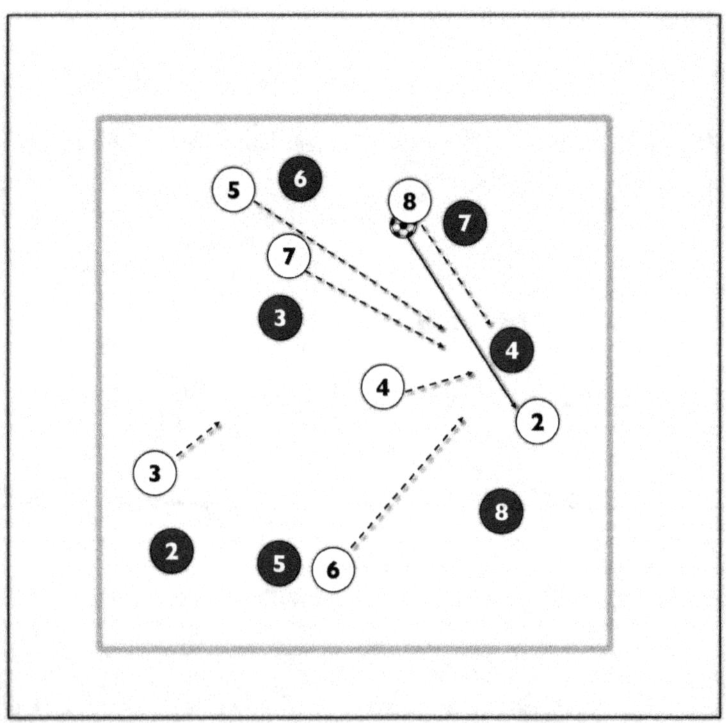

Tarea N° 23	Objetivo Principal	Mejora de la presión tras pérdida
	Jugadores	14 (5+2x5+2)
Explicación		

Los jugadores distribuidos como en la imagen. Cada equipo cuando tenga el balón tendrá el apoyo de sus dos comodines por fuera para mantener el balón, cuando lo pierdan entrarán a presionar para recuperar y cuando recupere su equipo saldrán de nuevo.

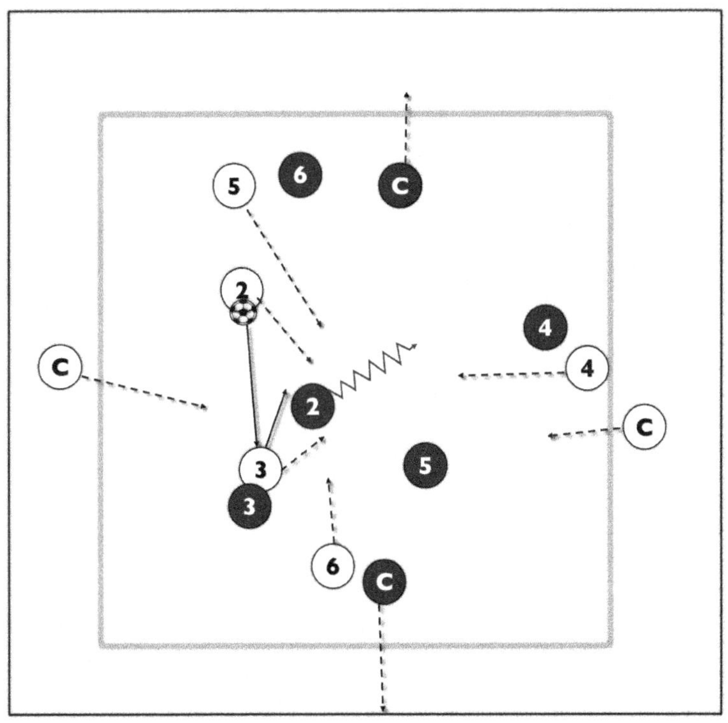

Ejercicio N° 24	Objetivo Principal	Mejora de la presión tras pérdida
	Jugadores	14 (7x7)

Explicación

El equipo poseedor (blanco) intenta mantener la posesión de balón en la superficie del cuadrado mayor, el equipo que no tiene balón (negro) tiene que robar el balón y cuando lo hace, el equipo que perdió intentará que no se meta en el cuadrado del centro presionando rápido.

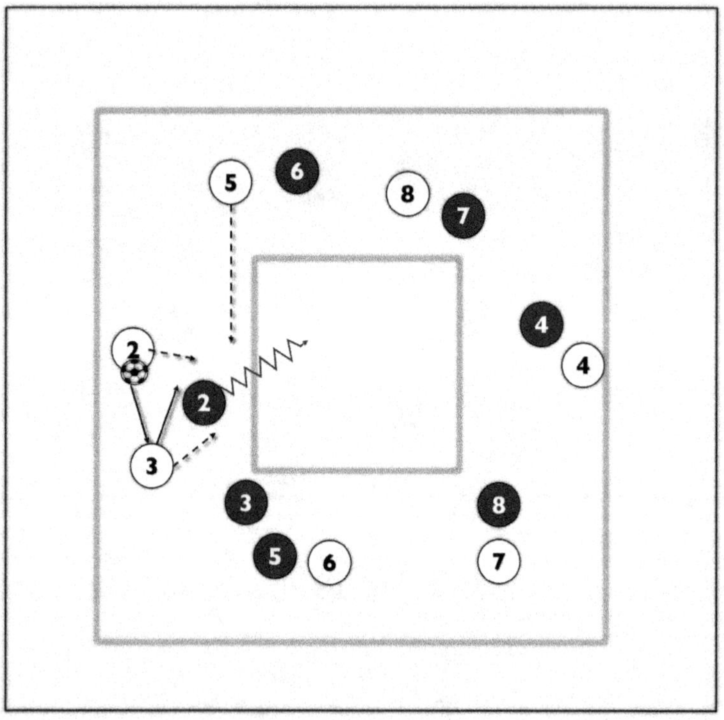

Tarea N° 25	Objetivo Principal	Mejora de la presión tras pérdida
	Jugadores	12 (4x2+4x2)

Explicación

En un rectángulo dividido en dos cuadrados, los jugadores se colocan 4 contra 2 en la disposición de la imagen, el equipo que no tiene el balón presiona para quitar el balón y cuando lo hace, el último que toca y pierde junto con el que robó irán al otro cuadrado para presionar y robar si su equipo no tiene el balón, si lo tiene participará hasta que lo pierda para volver a presionar o si lo pierde él o recupera, pasarán al otro cuadrado.

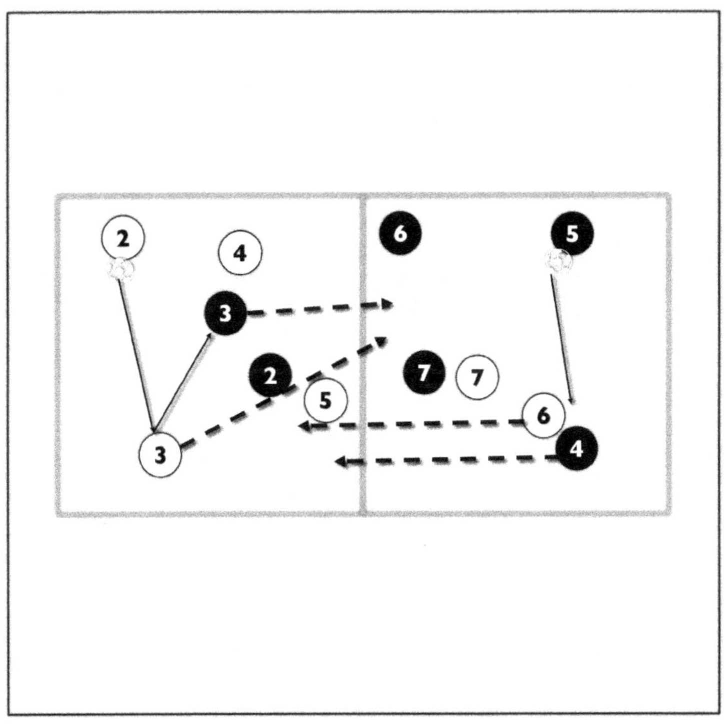

Tarea N° 26	Objetivo Principal	Mejora de la presión tras pérdida
	Jugadores	14 (7x7)

Explicación

El equipo poseedor (blanco) intenta mantener la posesión de balón en la superficie del cuadrado mayor, el equipo que no tiene balón (negro) tiene que robar el balón y cuando lo hace, el equipo que perdió presionará para que no juegue el balón con un compañero que se meterá en el cuadrado pequeño para recibir el balón.

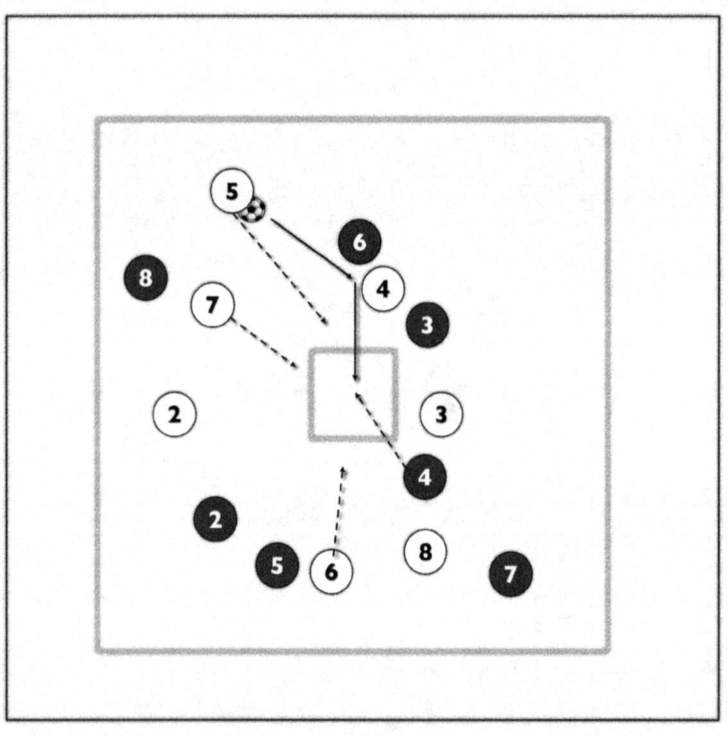

Tarea N° 27	Objetivo Principal	Mejora de la presión tras pérdida
	Jugadores	10 (5x5)

Explicación

Los equipos situados como en la imagen. El equipo que está por fuera con un jugador en el centro se pasa el balón, cuando lo pierde entran a presionar hasta recuperarlo y sacarlo fuera, para después seguir pasándolo.

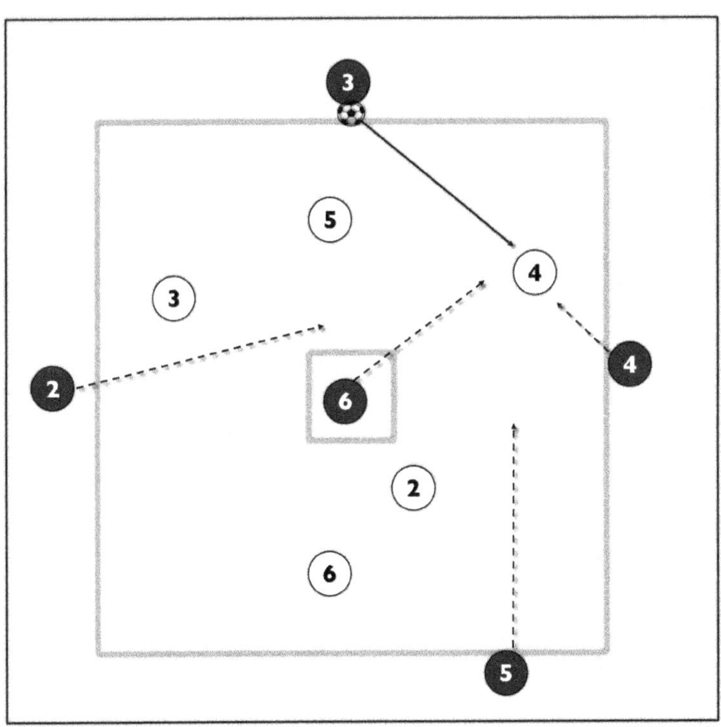

Tarea N° 28	Objetivo Principal	Mejora de la presión tras pérdida
	Jugadores	8 (4x4)

Explicación

Los jugadores del equipo negro cada uno en un cuadrado y los del equipo blanco sobre las líneas divisorias se pasarán el balón. Cuando el equipo negro recupere, los blancos irán hacia el poseedor de balón para presionarlo y recuperar.

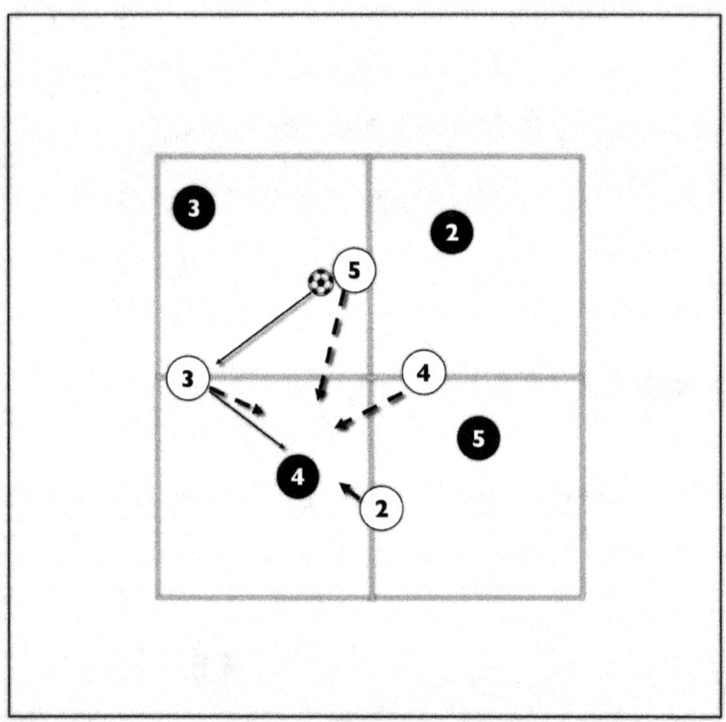

Tarea N° 29	Objetivo Principal	Mejora de la presión tras pérdida
	Jugadores	8 (4x4)

Explicación

Los jugadores del equipo negro cada uno en un cuadrado se pasarán el balón y los del equipo blanco sobre las líneas divisorias. Cuando el equipo negro pierda el balón presionará al equipo blanco y cuando la recupere seguirá pasando.

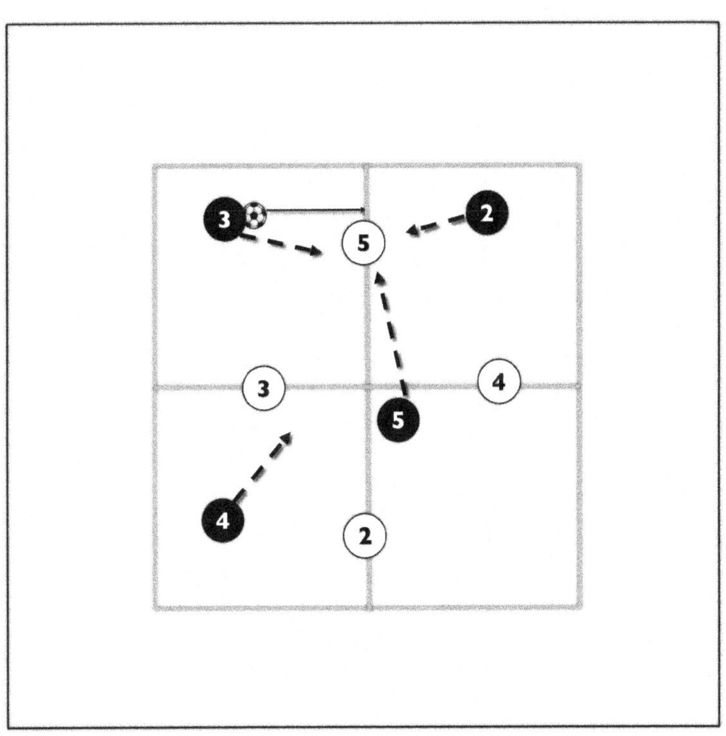

Tarea Nº 30	Objetivo Principal	Mejora de la presión tras pérdida
	Jugadores	10 (5x5)

Explicación

Los jugadores del equipo negro con libertad de movimientos por el cuadrado se pasan el balón y los del equipo blanco sobre las líneas divisorias podrán interceptar o anticipar. Cuando el equipo negro pierda el balón presionará a blanco (que no se podrá mover de las líneas, para recuperar.

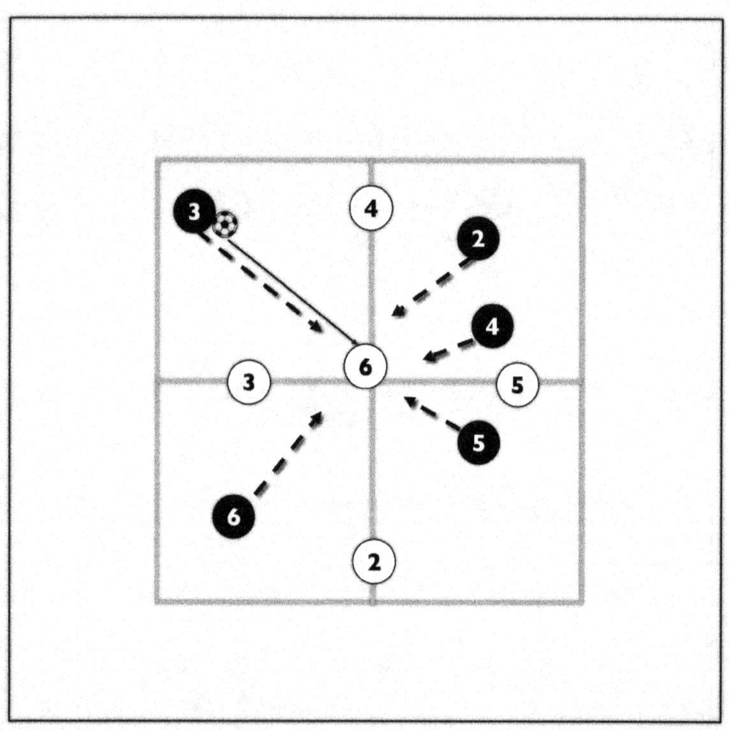

Tarea N° 31	Objetivo Principal	Mejora de la presión tras pérdida
	Jugadores	18

Explicación

Dentro de rectángulo un equipo se pasa el balón y otro intenta robarlo, cuando pierde el balón el equipo que recuperó se tiene que meter cada jugador sin balón en un cuadrado pequeño y el que perdió presionar al que lo robó para recuperar antes de que se ocupen todos los cuadrados pequeños.

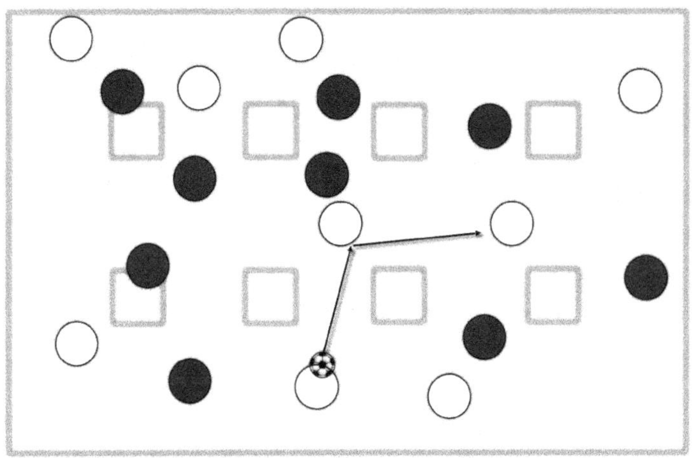

Tarea N° 32	Objetivo Principal	Mejora de la presión tras pérdida
	Jugadores	19 (8x8+3)

Explicación

En un rectángulo dividido en 8 partes iguales distribuidos los jugadores como en la imagen (2 en cada cuadrado, uno de cada equipo) y los comodines sobre las líneas. Cada equipo tendrá que presionar al que tenga balón con la ayuda de los comodines. Cuando pierde un equipo el balón pasa a presionar al otro con la ayuda de los comodines que podrán presionar desde las líneas que dividen el rectángulo.

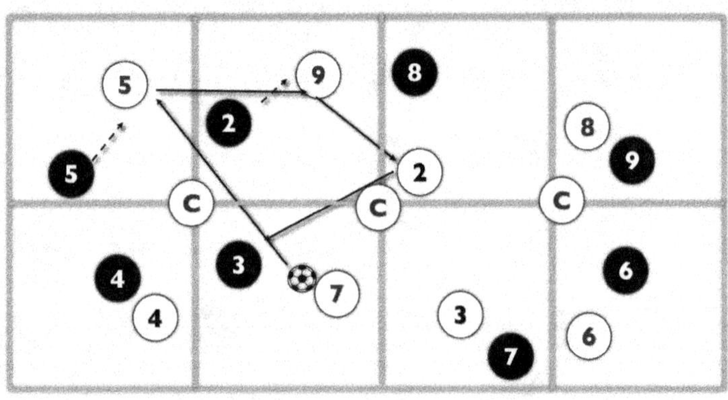

Tarea N° 33	Objetivo Principal	Mejora de la presión tras pérdida
	Jugadores	22

Explicación

En la disposición de la imagen. Pasan 4 contra 2 en cada cuadrado (menos en uno que pasan el balón entre ellos mientras llegan de otro cuadrado a presionarles). Cuando roban o sale el balón, los dos últimos en tocar el balón irán a robar al cuadrado que no tenga nadie robando y los que robaron asumirán el rol de los que mantenían.

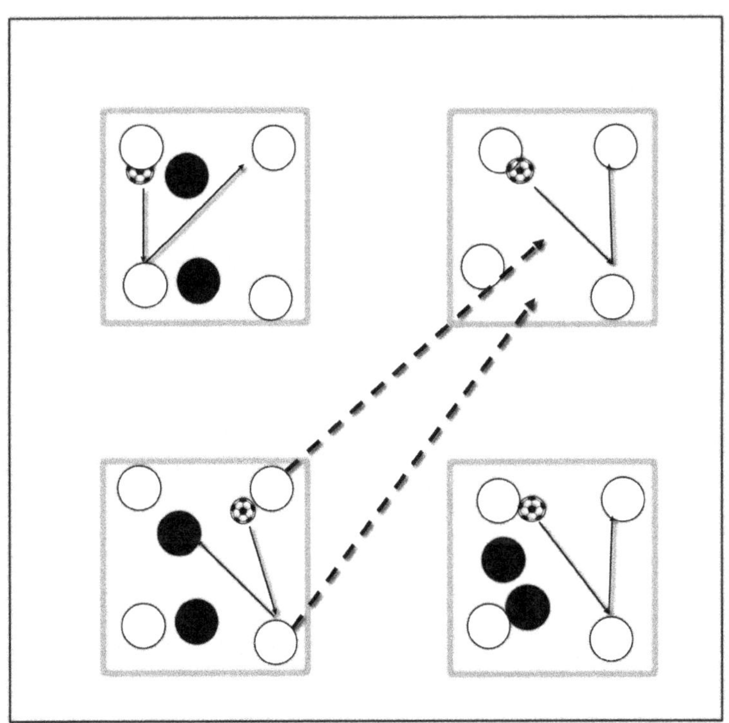

Tarea Nº 34	Objetivo Principal	Mejora de la presión tras pérdida
	Jugadores	11 (5x5+P)

Explicación

Jugarán 5 contra 5 con un portero en una portería abierta (el gol es válido por los dos lados de la portería) en el interior del cuadrado. Cuando un equipo recupera el balón, el equipo que perdió presionará rápido para recuperar el balón y que no puedan hacer gol en la portería.

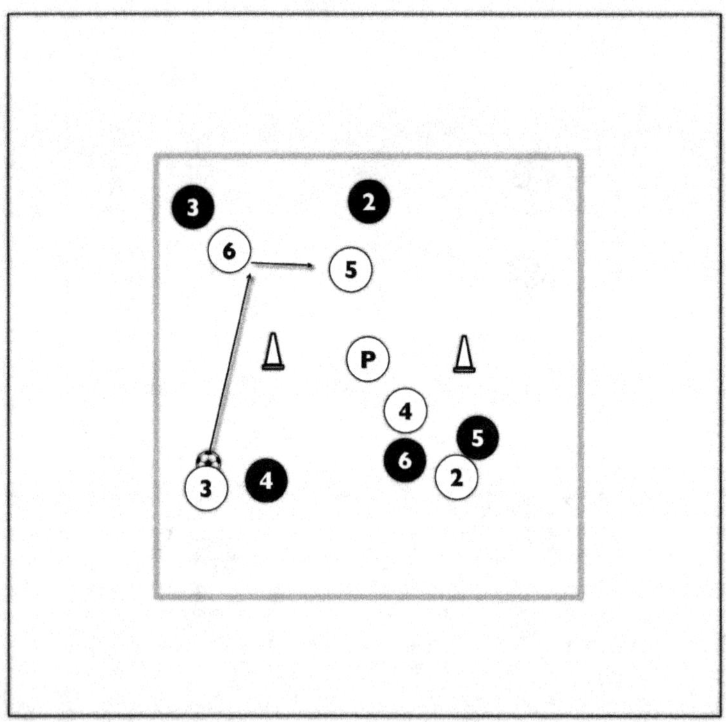

Tarea N° 35	Objetivo Principal	Mejora de la presión tras pérdida
	Jugadores	10 (5x5)
Explicación		

Jugarán 5 contra 5 con 4 pasillos para atravesar o conduciendo o mediante un pase el balón. El equipo que pierde el balón tiene que presionar al que lo tiene para que no pase por los pasillos.

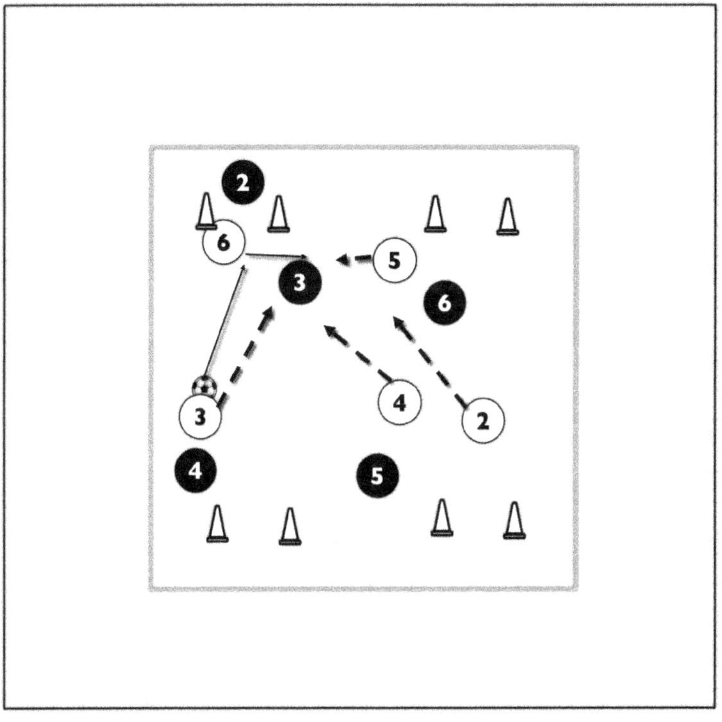

Tarea N° 36	Objetivo Principal	Mejora de la presión tras pérdida
	Jugadores	6 (2x3+P)
Explicación		

Los jugadores colocados como en la imagen, 2 juega con 3 y se colocarán delante de 4 los dos jugadores del equipo blanco para que pierda el balón el equipo negro cuando 3 juegue con él. Al perder el balón el equipo negro, presionará para que no haga gol el equipo blanco.

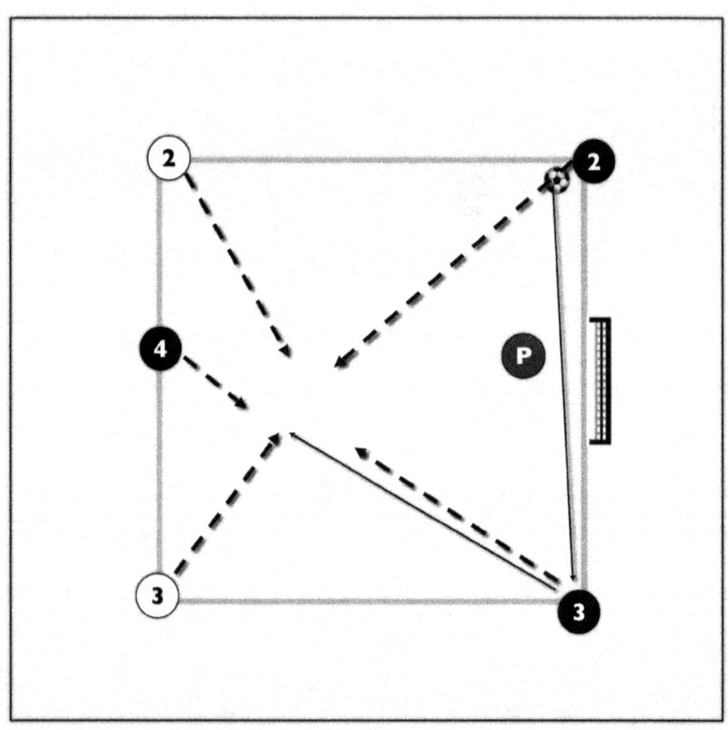

Tarea N° 37	Objetivo Principal	Mejora de la presión tras pérdida
	Jugadores	6 (2x3+P)

Explicación

Los jugadores colocados como en la imagen, el portero saca a cualquiera de los jugadores del equipo blanco y el equipo negro presiona para que no puedan hacer gol.

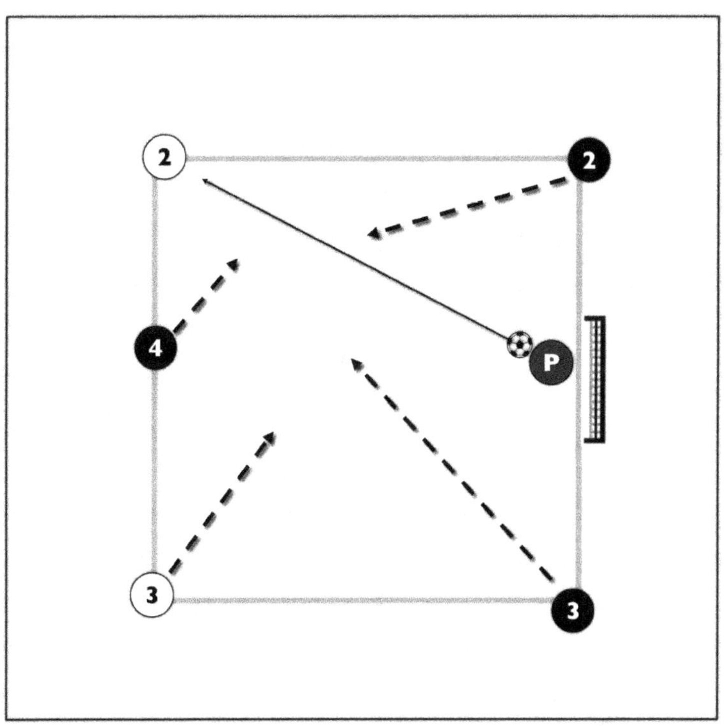

Tarea N° 38	Objetivo Principal	Mejora de la presión tras pérdida
	Jugadores	11 (5x5+P)

Explicación

Jugarán 5 contra 5 con un portero en una portería. Cuando un equipo recupera el balón, el equipo que perdió presionará rápido para recuperar el balón y que no puedan hacer gol en la portería.

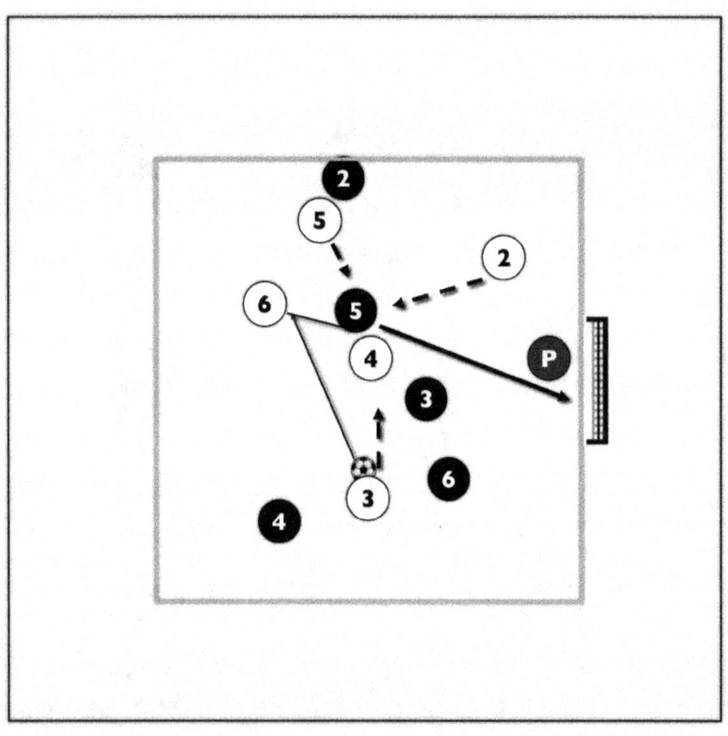

Tarea N° 39	Objetivo Principal	Mejora de la presión tras pérdida
	Jugadores	9 (4x4+P)

Explicación

En un rectángulo dividido en dos cuadrados, los jugadores se colocan en la disposición de la imagen. El equipo que no tiene el balón (negro) intenta quitar el balón y llevárselo a la otra mitad y hacer gol. El otro equipo (blanco) cuando pierde el balón presionará para recuperar rápido y que no puedan irse al otro cuadrado y tirar a la portería.

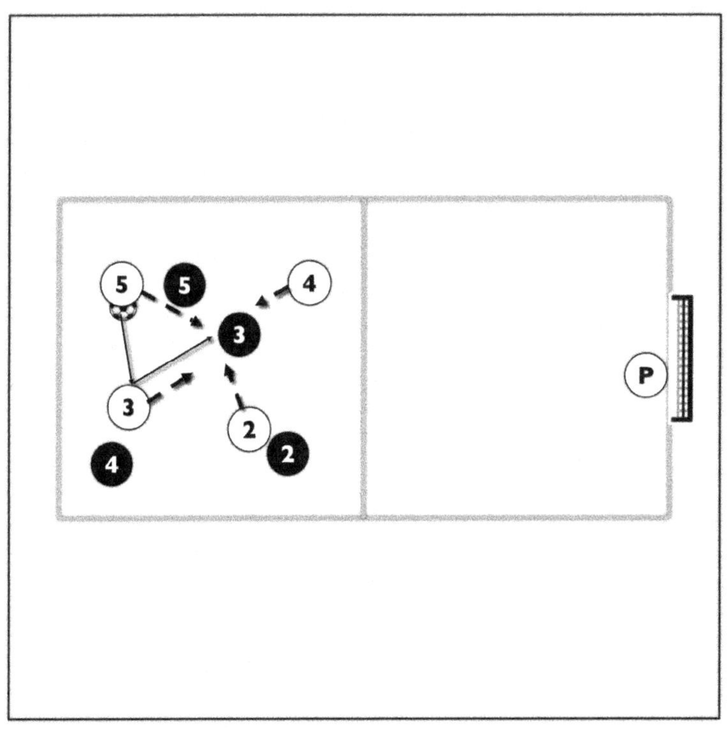

Tarea N° 40	Objetivo Principal	Mejora de la presión tras pérdida
	Jugadores	10 (3x3x3+P)

Explicación

Tres equipos de tres jugadores cada uno, atacan uno contra otro como en la imagen. Si tiran a portería, sale el balón o recupera el equipo que presionaba y pasa al tercer equipo situado en el centro, saldrá este equipo a atacar y tendrá que presionarle el que atacó en un principio. El equipo que presionó en primera instancia, cuando entra a jugar el tercer equipo, se va al centro del campo para asumir el rol del tercer equipo.

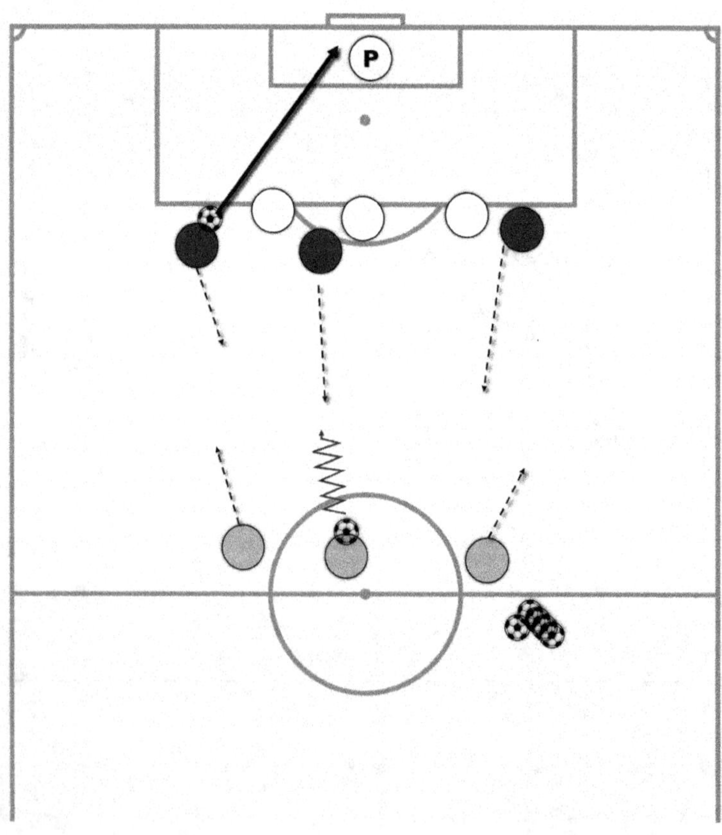

Tarea N° 42	Objetivo Principal	Mejora de la presión tras pérdida
	Jugadores	6 (2x3+P)

Explicación

Los jugadores colocados como en la imagen. El equipo negro juega con el blanco y presionan para que no hagan gol. Si el blanco pierde el balón presiona al equipo negro para que no haga gol en la otra portería.

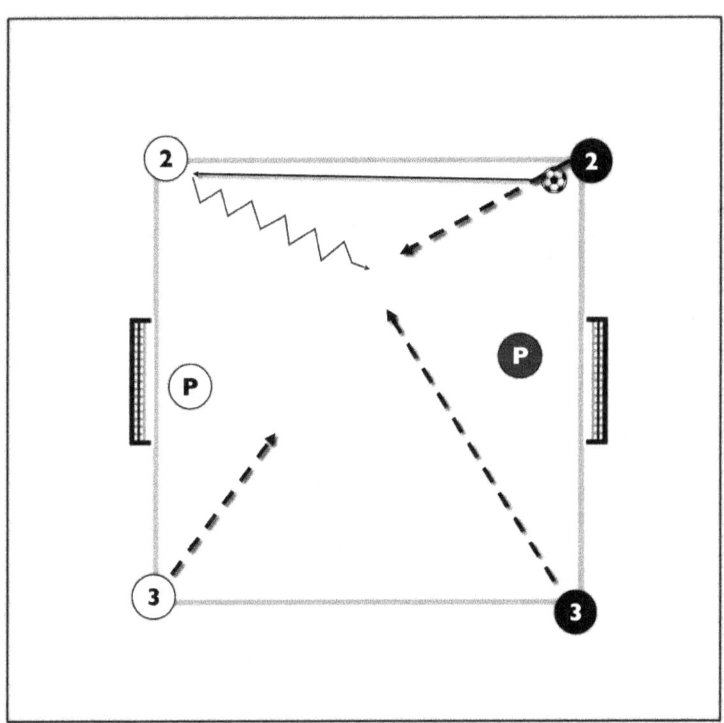

Tarea N° 40	Objetivo Principal	Mejora de la presión tras pérdida
	Jugadores	10 (4+Px4+P)

Explicación

En un rectángulo dividido en dos cuadrados, los jugadores se colocan en la disposición de la imagen. El equipo que no tiene el balón (negro) intenta quitar el balón, que no haga gol y llevárselo a la otra mitad. El otro equipo (blanco) cuando pierde el balón presiona para recuperar rápido y hacer gol en la portería.

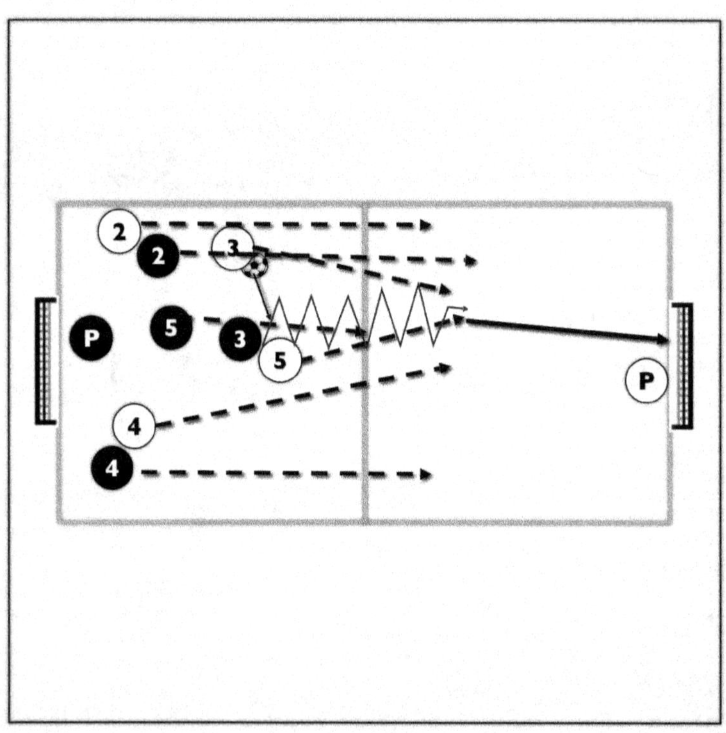

Tarea Nº 43	Objetivo Principal	Mejora de la presión tras pérdida
	Jugadores	(P+3x1+P+2)
Explicación		

Atacan 3 contra 1 y cuando tiran salen 2 jugadores de la línea de fondo para atacar la portería alejada junto con el jugador que defendía y los que atacaban presionarán para recuperar después del tiro.

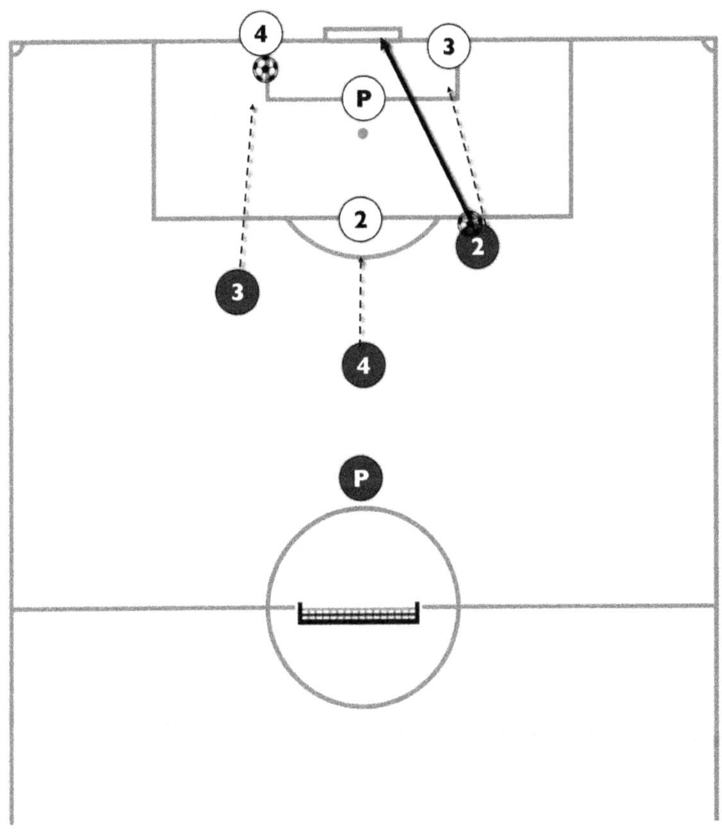

Tarea Nº 44	Objetivo Principal	Mejora de la presión tras pérdida
	Jugadores	20 (7+Px7+4+P)
Explicación		

Los jugadores distribuidos como en la imagen. El equipo que inicia el juego, junto con los comodines (que sólo se moverán como apoyos en las líneas de banda) cada vez que pierda el balón presionarán (junto con los comodines) para recuperar hasta que se consiga un gol o salga el balón. Cuando esto pase, atacará el otro equipo con la ayuda de los comodines y para la presión cuando lo pierdan.

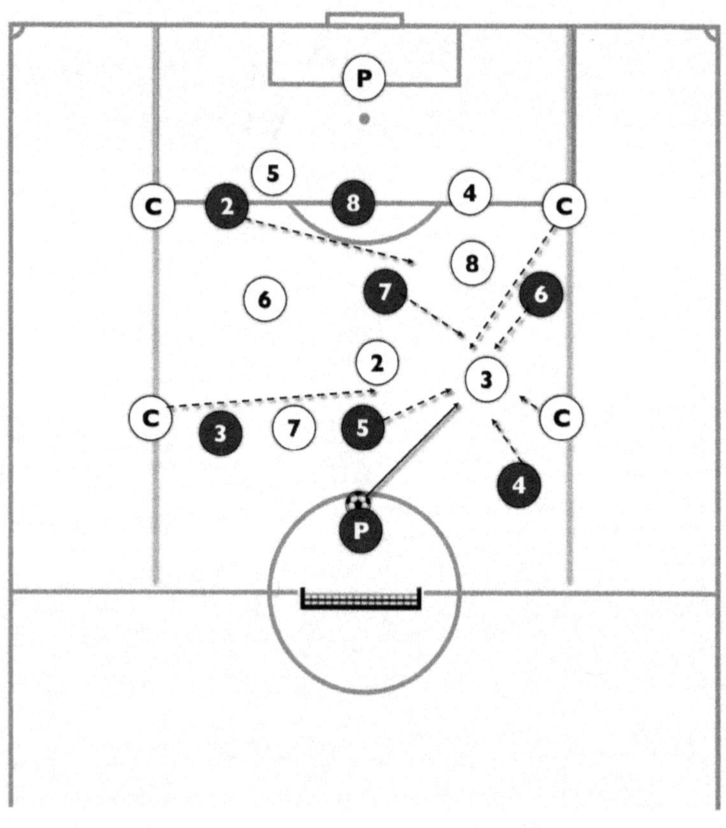

Tarea N° 45	Objetivo Principal	Mejora de la presión tras pérdida
	Jugadores	22 (8+2+Px8+2+P)

Explicación

En medio campo con dos pasillos laterales, los equipos colocarán un jugador en cada pasillo lateral que no participarán cuando tengan la pelota. Cuando un equipo pierda el balón los jugadores de su equipo que estaban en los pasillos entrarán a presionar y cuando lo recuperen volverán a sus pasillos.

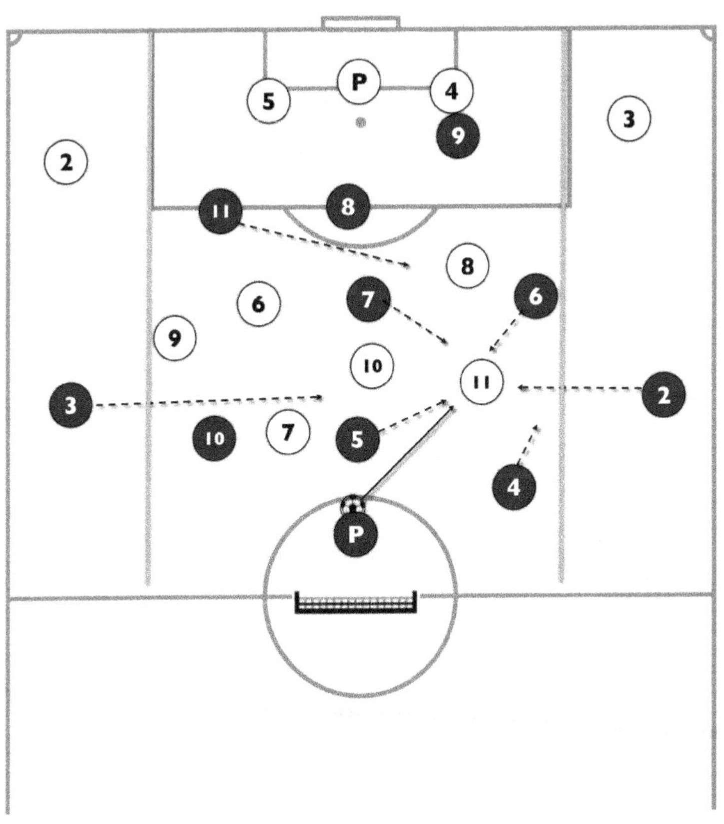

Tarea N° 46	Objetivo Principal	Mejora de la presión tras pérdida
	Jugadores	22 (10+Px10+P)
Explicación		

Partido con en el que los dos equipos presionarán alto la salida del equipo contrario y el equipo que saca el balón cuando pierda el balón en el inicio de la salida, presionará rápido para recuperar.

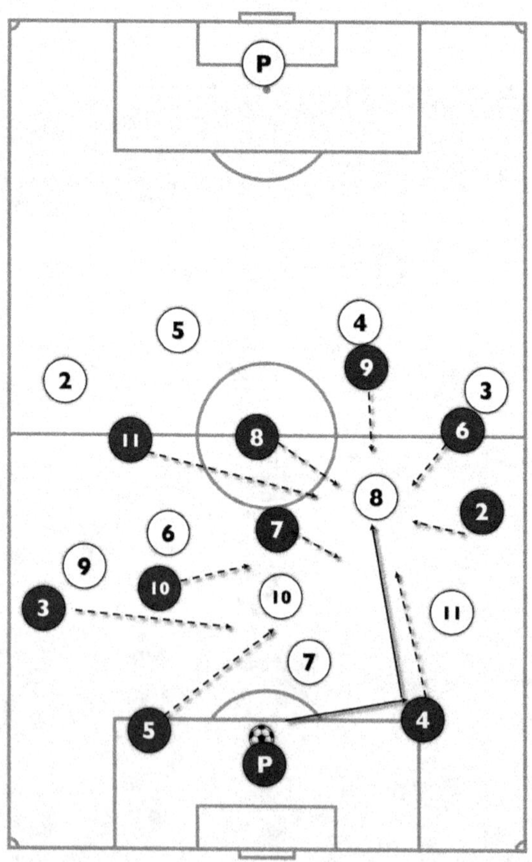

Tarea N° 47	Objetivo Principal	Mejora de la presión tras pérdida
	Jugadores	22 (10+Px10+P)

Explicación

Partido en el que los dos equipos presionarán con marcas individuales al equipo contrario por todo el campo cada vez que se produzca una pérdida de balón.

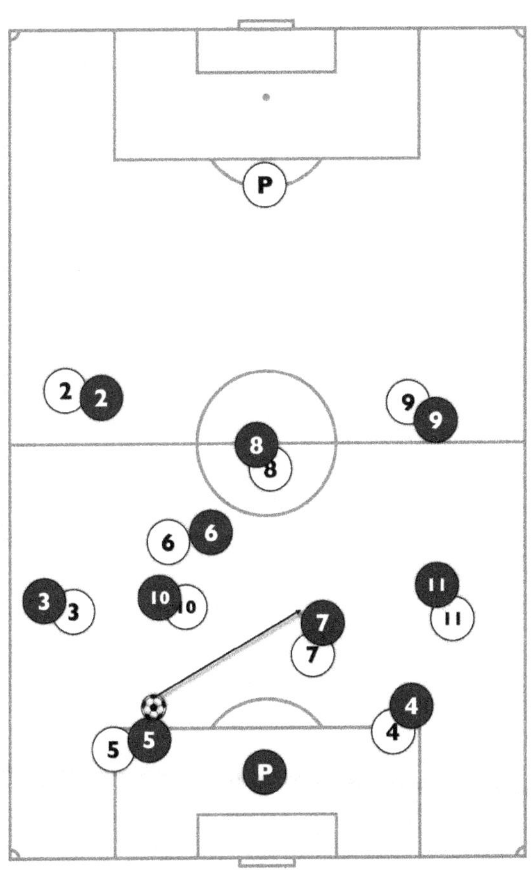

Tarea Nº 48	Objetivo Principal	Mejora de la presión tras pérdida
	Jugadores	22 (10+Px10+P)

Explicación

Partido en el que los dos equipos colocarán a todos sus jugadores menos al portero, en el campo en el que esté el balón para presionar cuando haya pérdida. Si se produce un gol y el equipo no pasó completo se anulará y si reciben un gol y no estaba todo el equipo en el campo valdrá doble el gol.

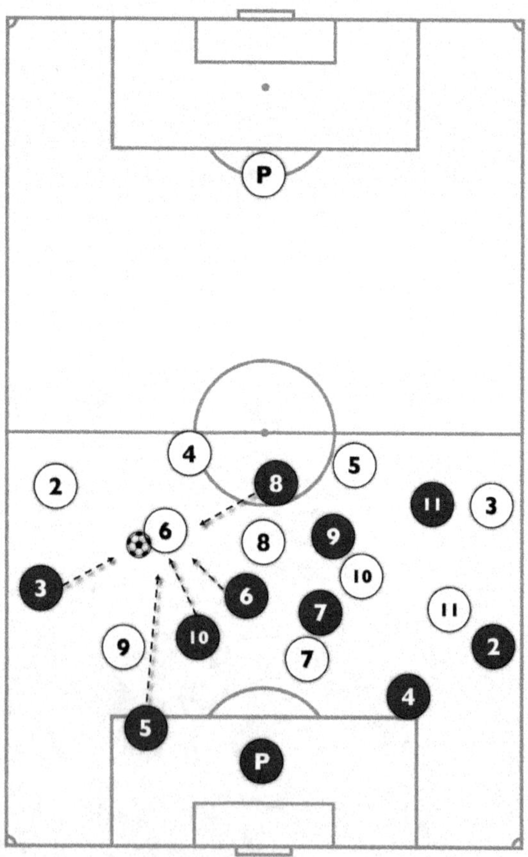

Tarea N° 49	Objetivo Principal	Mejora de la presión tras pérdida
	Jugadores	22 (9+Px9+2+P)

Explicación

Partido con con dos comodines que ayudarán a presionar a los equipos cuando pierdan el balón. Cuando recupere el balón un equipo pasarán a ayudar al otro a presionar.

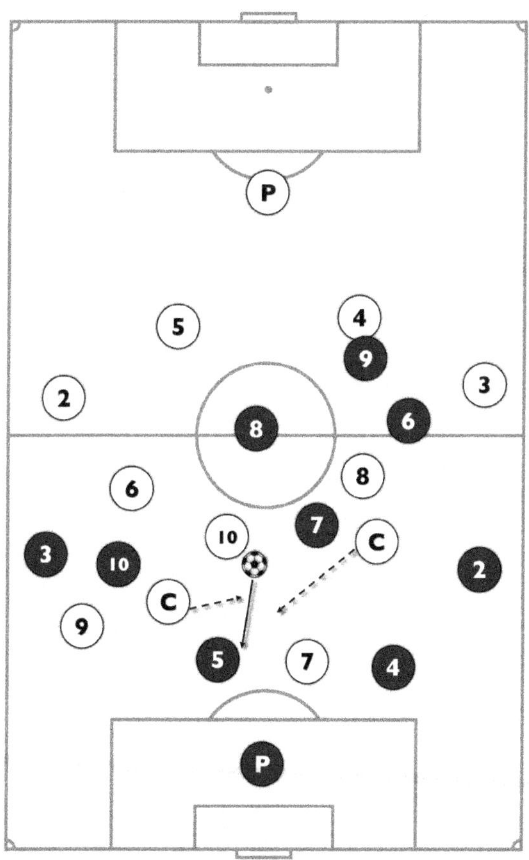

Tarea Nº 50	Objetivo Principal	Mejora de la presión tras pérdida
	Jugadores	22 (9+Px9+2+P)
Explicación		

Partido con en el que cada vez que un equipo pierde el balón presionarán para recuperar rápido el jugador que pierde el balón y los dos más cercanos hasta que se produzca la recuperación.

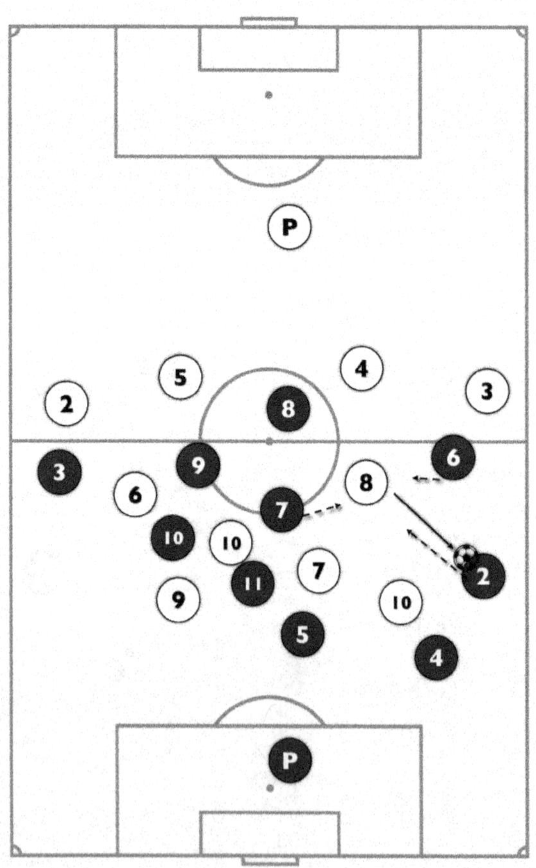

BIBLIOGRAFÍA

- Couto, A. (2015): *Las grandes escuelas del Fútbol Moderno*. Editorial Fútbol de libro.

- Castellano, Julen y Casamichana, David (2016): *El arte de planificar en fútbol,* Editorial Futbol de libro.

- Castellano, Julen; Casamichana, David y San Román, Jaime (2015): *Los juegos reducidos en el entrenamiento del fútbol.* Editorial Futbol de libro.

- Cano Moreno, Oscar (2010): *Fútbol: Entrenamiento global basado en la interpretación del juego.* Editorial Wanceulen.

- López López, Javier (2009): *500 juegos para el entrenamiento físico con balón.* Editorial Wanceulen.

- López López, Javier (2009): *400 tareas integradas para el entrenamiento de la táctica ofensiva.* Editorial Wanceulen.

- López López, Javier; Wanceulen Moreno, Antonio; Wanceulen Moreno, José F. y Bernal Ruiz, Javier (2009): *225 juegos para el entrenamiento integrado del pase en el fútbol.* Editorial Wanceulen.

- González, Alberto (2013): *Fútbol. Dinámica del juego desde la perspectiva de las transiciones.* Editorial Learning 11.

- Fradua, Luis (1997): *La visión periférica del futbolista.* Editorial Paidotribo.

- Mayer, R. (1996): *Fichas de fútbol. 120 juegos de ataque y defensa.* Hispano Europea. Barcelona.

- Garganta, J. y Pinto, J. en Graça, A. y Oliveira, J. (1997): *La enseñanza de los juegos Deportivos.* Editorial Paidotribo.

- Castelo, J. (1999): *Futbol. Estructura y dinámica del juego.* Editorial INDE. Barcelona.

- Caneda, R. (1999): *La zona en Fútbol.* Editorial Wanceulen. Sevilla.

- Seirul´lo, F. (1999): *Criterios modernos del entrenamiento en el fútbol.* Revista Training Fútbol. Valladolid.

- García Ocaña, Francisco (2008): *Fútbol y Fútbol sala: 250 actividades sociomotrices.* Editorial Paidotribo. Barcelona.

- López López, Javier (2013): *Fútbol: Senior (2013): 175 fichas de sesiones de entrenamiento.* Editorial Wanceulen. Sevilla.

- López López, Javier (2013): *Fútbol: Juveniles: 160 fichas de sesiones de entrenamiento.* Editorial Wanceulen. Sevilla.

- López López, Javier (2009): Fútbol: *1380 Juegos globales para el aprendizaje y perfeccionamiento de la técnica ofensiva y defensiva.* Editorial Wanceulen. Sevilla.

- López López, Javier (2008): *Fútbol: Cadetes: 160 fichas de sesiones de entrenamiento.* Editorial Wanceulen. Sevilla.

- López López, Javier (2013): *Fútbol: Infantiles: 120 fichas de sesiones de entrenamiento.* Editorial Wanceulen. Sevilla.

- López López, Javier (2008): *Fútbol: Alevines: 120 fichas de sesiones de entrenamiento.* Editorial Wanceulen. Sevilla.

- López López, Javier (2013): *Fútbol: Benjamines: 80 fichas de sesiones de entrenamiento.* Editorial Wanceulen. Sevilla.

- López López, Javier (2009): *Fútbol: Prebenjamines: 80 fichas de sesiones de entrenamiento.* Editorial Wanceulen. Sevilla.